U0887797

奥黛丽·赫本（1929—1993），英国演员、好莱坞影星之一、奥斯卡影后，被世人敬仰为“人间天使”

奥黛丽·赫本小传

奥黛丽·赫本,著名好莱坞影星,奥斯卡影后,被世人敬仰为"人间天使"。身为好莱坞黄金时期最著名的女星之一,她以优雅的气质和有品味的穿着著称。1999年,她被美国电影学会评为"百年来最伟大的女演员"第三位。奥黛丽·赫本晚年投身慈善事业,是联合国儿童基金会亲善大使的代表人物。作为慈善大使,她不时举办一些音乐会和募捐慰问活动,造访贫穷地区儿童,足迹遍及亚非拉许多国家。1992年被授予美国"总统自由勋章",1993年获奥斯卡人道主义奖。

会走路的梦

奥黛丽·赫本传

邓玉环 著

華文出版社
SINO-CULTURE PRESS

图书在版编目（CIP）数据

会走路的梦：奥黛丽·赫本传 / 邓玉环著. — 北京：华文出版社，2013.4（2021.6 重印）
（可爱的“坏孩子”·世界伟人成长传记系列）
ISBN 978-7-5075-3960-8

Ⅰ. ①会… Ⅱ. ①邓… Ⅲ. ①赫本，A.（1929~1993）–传记 Ⅳ. ①K837.125.78

中国版本图书馆 CIP 数据核字（2013）第056651号

会走路的梦：奥黛丽·赫本传

著　　者：邓玉环
出版策划：李红强　罗　亭
责任编辑：潘　婕
出版发行：华文出版社
社　　址：北京市西城区广外大街 305 号 8 区 2 号楼
邮政编码：100055
网　　址：http://www.hwcbs.com.cn
电　　话：总 编 室 010-58336239　发 行 部 010-58336265 58336270
责任编辑 010-58336209
经　　销：新华书店
印　　刷：三河市燕春印务有限公司
开　　本：787 × 1092　1/16
印　　张：11.75
字　　数：107 千字
彩　　插：8 张
版　　次：2013 年 4 月第 1 版
印　　次：2021 年 6 月第 3 次印刷
标准书号：ISBN 978-7-5075-3960-8
定　　价：38.00 元

版权所有　侵权必究

序

一朵在苦难中诞生的成功之花

奥黛丽·赫本独一无二的美丽打动了世界上千千万万影迷的心,她被人誉为“会走路的梦”和“优雅的公主”。这位著名影星的一生充满了坎坷和传奇色彩。虽然她出身贵族家庭,但她并不是公主。她被认为是“被上帝亲吻过的孩子”,她出生6周的时候差点因病死去,活下来是她创造的第一个人生奇迹。

6岁的时候父亲就离开了她,这是她童年时代所经历的最难以承受的人生打击,这个阴影伴随她一生,影响深远。赫本在单亲家庭长大,因为母亲对她寄予了很高的期望,所以教育非常严厉而且缺乏温情,她觉得自己就是个被抛弃的孩子,没有人拥抱,没有人爱。小时候的她,在英国的淑女学校被同学嘲笑她不纯正的英语口音,因此她敏感胆怯、沉默孤独,喜欢阅读和音乐。

她亲历了残酷的第二次世界大战,在被德军占领的荷兰阿纳姆小城的生活极为艰难,她忍饥挨饿、参与爱国地下组织活动。芭蕾舞成了她唯一的快乐源泉和精神支柱,如果没有芭蕾舞的陪伴,她不知如何消解父亲离开后的痛苦,熬过漫长的5年战争岁月。成为世界级著名芭蕾舞明星是她少女时期最大的梦想,为了能跳芭蕾舞,她甚至穿过一双木头做成的芭蕾舞鞋……在“二战”中,奥黛丽·赫本再次死里逃生。当支撑她渡过灾难的芭蕾梦想破灭的时候,她只想从这个世界上立即消失。

她与母亲过着清苦而四处飘零的生活,虽然没有经过正规的表演训练,但她通过自己坚持不懈的努力成为了一名电影演员,从无名的小角色到《罗马假日》中的美丽高贵的“安妮公主”,成功来得似乎非常突然,全世界影迷都记住了她——奥黛丽·赫本。她如一股清风般吹进好莱坞,让世人为之倾倒和着迷,她的演艺事业蒸蒸日上,成功地塑造了许多经典的电影形象,成为好莱坞一颗熠熠闪耀的明星。她创造了“赫本风格”,改变了世人对“性感”的定义,她是一个将外在美和内在美完美结合在一起的“美丽天使”。她一生中获得过多达50次的各类奖项,直到61岁那年,她还被评为“全球最美丽的50人之一”。

众多的荣誉和光环之下的奥黛丽·赫本其实也是一个平凡的女性,她在银幕上光彩照人、受人仰慕,生活中她却是个对自己的容貌身材非常不满、缺乏自信心和安全感的人,她因工作压力大而神经紧张焦虑,她也会闯祸。她一直保持着谦虚、正直、善良的本性,她始终珍惜生命、热爱生活,勇敢追寻自己的真爱。作为世界著名电影明星的她可以为了家庭的幸福和孩子的教育,毅然放弃事业隐居于瑞士,不追求奢华、不抛头露面,安心相夫教子10年。

作为“联合国儿童基金会亲善大使”出访贫困国家时,奥黛丽·赫本作为一个母亲,对第三世界国家受难儿童和母亲寄予深深的怜悯和同情，她不顾一切地为他们进行人道主义救援而奔走疾呼，直到生命的尽头。

赫本的一生，交织着悲伤与欢乐、痛苦与荣耀、高雅与平凡。人们为她的美丽高贵而倾倒，但很少有人能够体会她内心的忧伤与不安。银幕上她以精湛的演技和真挚的情感打动观众，银幕下她以亲切善良和慈爱感动着我们。

哪个平凡的女孩心中没有一个美丽的梦？谁不想成为一个世界级明星，成为一个世界级大美女？固然天生丽质是一笔财富，可是你发现了吗，真正的美并不只是来自容貌，赫本的美之所以永恒，超越了凡俗的意义，是因为除了容貌，她还有才干、毅力、智慧和爱心。她是一朵在苦难中诞生的成功之花，请大家不要仅仅只惊羡她现时的明艳，当初她的芽儿浸透了奋斗的泪泉。不经历风雨和苦难的磨砺，就无法获得成功！没有超越个人、民族和政治立场的大爱，就不能像赫本一样成为和平和爱的使者。

上帝让赫本降临人间，带给世人美的享受，对此人们一直心存感激。让我们记住她。

目 录

第一章　上帝亲吻过的女孩

5月，春末夏初，是比利时首都布鲁塞尔一年中最好的季节，天空晴朗无云，碧蓝如洗，阳光温暖明亮，大街小巷古老的灰暗色系建筑物在阳光的抚摸下也显得不那么冷冰冰的，这个遭受1929年世界经济危机影响、被大萧条笼罩下的古老的欧洲城市，似乎忽然焕发出了一线生机，整个冬季都没有听到的管风琴声，在市中心的格兰德广场上空悠然地奏响，一群鸽子在广场上空伴着音乐盘旋又落下。

1929年5月4日凌晨，布鲁塞尔一个侨居于此的豪华荷兰贵族宅邸中，灯火通明，人影憧憧，大家压低声音，有序忙碌着，紧张又兴奋地期待着一个新生命的诞生。助产医生早早做好了各种准备。

艾拉躺在铺着白色床单的大床上安静地待产，她安慰在一旁忧心忡忡的母亲："别担心，妈妈，我又不是第一次生孩子了,你看亚历山大和伊恩都健康得像小牛犊,感谢上帝,这个孩子也一定会平安无恙的。”

母亲叹口气:“约瑟什么时候才能赶回来呢,这可是他的第一个孩子啊。”

艾拉微微蹙眉:“这次还会是男孩吗?哦,上帝,十个月了,我无数次虔诚地祈祷,请慷慨赐予我一个美丽乖巧的女儿吧,亚历山大和伊恩也需要一个可爱的妹妹,不是吗?”

“不管是儿子还是女儿,都是上帝赐予我们的天使,我们都会爱他/她。”

然而这第三次生产却不像艾拉想象的那样顺利,在无数次的阵痛过后,婴儿却迟迟不肯降临。直到凌晨3点,在经历了痛苦的挣扎和助产士冰凉器械的帮助下,精疲力竭的艾拉终于听到了尖细的“哇哇”的婴儿的啼哭声,此时她仿佛虚脱了一般,身子不由自主地沉了下去,骤然间困倦袭来,她的眼睛快睁不开了。

“夫人、夫人,恭喜您!是个漂亮的小公主!”女仆在一旁大声报告,喜不自胜,全家人没有不知道的,艾拉日夜盼望能生一个美丽的女孩。

艾拉困倦至极马上要黏上的眼皮一下子抬起来,她的眼睛热切地四处搜寻,包在襁褓里的女婴马上送到了她枕边。这是个脑袋大大、脸蛋胖嘟嘟的婴孩,黑色的柔软的头发,皮肤红红的带着褶皱,她的身上散发出一股小婴儿特有的香气。刚出生的小家伙就睁开了眼睛——她的一双眼睛大而明亮,纯净得就像黎明时分夜空中的星星一般,水汪汪的。

一股母爱的暖流袭击了艾拉,喜悦的眼泪止不住流了下来:“我的女儿! 宝贝女儿!”

约瑟回来后,艾拉和丈夫就开始商量为宝贝女儿起名了。按照贵族传统,他们把夫妻二人各自的名字结合起来,郑重其事地给这个小女婴起了一个名字:艾拉·凯瑟琳·冯·希姆斯特拉·赫本·拉斯敦。这个名字实在冗长而平淡,幸好这个名字没有被一直沿用下去,否则未来的好莱坞就会有两个同名的赫本,因为她们的名字中间都有一个“凯瑟琳”。后来这个小女孩有了一个新名字——奥黛丽·赫本,这个美丽芬芳的字眼,确实与她相得益彰。

望着女儿五官精致立体的小脸,夫妻二人内心充满了幸福感,之前婚姻生活中的种种不和谐似乎暂时烟消云散了。他们无论如何没有预料到,奥黛丽·赫本的脸蛋日后会成为世界上最著名、最富有魅力的脸庞之一。

新生儿带来的欢乐并没有持续很久,这个小女婴的身体远远不如她的两个哥哥健壮。也许是布鲁塞尔春天乍暖还寒的气候影响,赫本出生后刚满月就开始出现生病迹象,并且一日日加重,常常喝奶之后不一会儿就开始咳嗽,剧烈的咳嗽导致刚喝下的奶全部又吐了出来。

到了第6周,医生诊断赫本得了严重的小儿百日咳,这在当时是一种十分危险的新生儿疾病,医生强烈建议给她打针,用药物消除炎症,并且住院治疗。

“可是她出生还不到50天! 这么小的孩子不应该打针吃药!”艾拉紧紧抱着女儿,不肯听从医生的建议,她是个虔诚的基督徒。她深信上帝的万能和仁慈——如果不是她的虔诚祈祷,上帝怎么会听到,而且真的赐予了她一个梦中的女儿呢?既然这个女儿就是上帝赐给的,那么上帝一定不会让她受难,一定会以他神奇的力量帮助女儿渡过灾难。

她拒绝带女儿去治疗,她把孩子厚厚地包裹在摇篮里,关闭门窗,不让一丝冷风吹进来,日夜守护着。她不顾自己产后身体虚弱,亲自照料女儿,当女儿在咳嗽和气喘的空隙中入睡时,她就跪在基督耶稣像面前一直诵经祈祷。就这样熬过去了一周,赫本的病情并没有一丝好转,情况反而越来越糟糕,她原本胖嘟嘟的小身体日渐消瘦,甚至连眼眶都凹了下去。

那天早晨,艾拉刚刚给女儿喂完奶,赫本又一次剧烈地咳嗽起来,刚喝下去的奶水全部喷射了出来,大睁着的眼睛因为剧烈的咳嗽而溢满了泪水,小胸脯剧烈地一起一伏,呼吸越来越急促,甚至带着"嘶嘶"的可怕的啸音!

艾拉把女儿紧紧抱在怀中,大声呼唤着:"宝贝!宝贝!"就在艾拉的呼叫声中,赫本的身子逐渐发紫,竟然呼吸也停止了!艾拉发疯一般,拼命地用力拍打她的小屁股,大声喊着:"宝贝,你醒醒!你醒醒啊!!"赫本的屁股都被打得发白了,她大概是因为剧痛突然醒了过来,她睁开了眼睛!小胸脯又开始有了起伏!过了一会儿,她的呼吸渐渐顺畅了,甚至还发出了微弱的哭声!

艾拉的眼泪扑簌簌流了下来,她的手在胸前拼命地画着十字,喃喃自语:"感谢上帝!感谢上帝!"

人们听说这件事都不禁十分惊讶：这个得了严重百日咳的小女婴，在临近死亡的关口，竟然又奇迹般的复活！没有医生，没有任何药物，这个出生还不到60天的小女婴不仅活了，而且还开始喝奶，虽然她不停地咳嗽，但是身体确实在一点点地恢复好转。

到底是什么原因让一个小小婴儿战胜了可怕的病魔？母亲艾拉对此深信不疑：是上帝，是仁慈的上帝听到了她最最虔诚的祈祷，依靠万能上帝的帮助，强大的精神力量打败了凶恶的病魔！她觉得自己的决策完全正确。

多年以后她仍然非常引以为豪，但小赫本听妈妈讲述这个惊心动魄的故事的时候，总是心有余悸，她睁大眼睛，一遍遍地恳求妈妈讲自己出生时的"冒险经历"，每次都仿佛起死回生了一次。尽管她婴儿时期就成功地战胜过病魔，但是成年后她的肺部不太健康，总是受到疾病的困扰，不能不说与这次大难不死留下的后遗症有关。

令奥黛丽·赫本的小儿子肖恩记忆深刻的是，母亲有一次对他说："如果将来我要写自传，开头会是这样：1925年5月4日，我出生在比利时布鲁塞尔……6周后，我告别人世。"虽然母亲像开玩笑似的面带微笑，但是肖恩知道，这个出生便受到死亡威胁的事件在母亲心中影响深远，或许，她对生命的珍惜和对生活的热爱一部分是来源于此。她的生命在世上原本只有6周的期限，而她却幸运地生存下来，只此一项，就足以令她对生活充满了感激和感到满足。

所以，这是一个让上帝都格外开恩、心存怜悯的小女孩。

著名导演比利·威尔德，奥黛丽·赫本最亲密的朋友之一，他的话最耐人寻味："上帝亲吻了一个小女孩的脸颊，于是赫本诞生了。"

阅读思考

① 艾拉的宗教信仰让她拒绝医生救治小赫本，你能理解吗？

② 你认为赫本对婴儿时期"死里逃生"的经历介意吗？

第二章　为舞蹈而生的小精灵

当晨曦透过窗纱照耀在婴儿床上时，小赫本已经醒来，她美丽的圆溜溜的大眼睛盯着窗户的方向，小手小脚露在白色的婴儿服外面，随着优美轻柔的音乐旋律正随意地舞动着，她的嘴里发出“依依哦哦”的声音，表情十分愉快。窗边的书桌上放着一个桃心木的留声机，磁针在黑色的胶质唱片上欢快地转动着，唱片里播送的正是当时著名的大管弦乐队演奏的经典名曲。

艾拉走过来，微笑着注视着这个快乐的小家伙，她发现，只要每次给女儿播放贝多芬或者巴赫的音乐作品，她就会尤其喜欢，还有一些其他华丽而富有浪漫色彩的音乐，都能让还不会走路的女儿一听就是一个多小时，不吵不闹，听得十分入迷。拉斯东夫妇都很喜欢音乐，他们很注意在这方面对女儿的培养。

艾拉相貌秀丽迷人且出身高贵,她出生于一个古老的荷兰贵族家庭,这个家族的历史可以追溯到16世纪初期,是荷兰王室的直系后裔,家中的成员与许多贵族领主、高级军官、政府官员和皇室朝臣来往密切。艾拉是家中六个孩子中唯一的女孩,她和五个兄弟一出生就享有了男爵或女男爵的头衔。她因此也有一个名号:艾拉·冯·希姆斯特拉男爵夫人。艾拉的父亲,声名显赫的老赫姆斯特拉男爵是一个精通法律条文的律师,担任政府公职,具有优秀的社会活动能力,担任过副司法部长、阿纳姆法院的法官、该城的第一任市长,还被女王任命当过荷属圭亚那总督。

虽然艾拉是在一个严厉并具有维多利亚文化氛围的家庭中长大,但作为家中唯一的女儿,艾拉被父亲宠爱有加,一直视若掌上明珠,儿童活泼好动的天性没有因为她是女孩而被格外束缚,和五个兄弟共同长大的她耳濡目染地具有了男孩子的性格:开朗活泼、豪爽热情、敢作敢为,继承了父亲优秀的社会活动能力,同时严格良好的家教也使她具备了善良正直、自律自强的良好品德。

很多人觉得约瑟的长相很像东方人,女儿赫本与父亲的相貌惊人的相似,她有着褐色的大眼睛,还有着东方人的黑头发,很多西方人都觉得她长相特别。塞西尔·比顿曾为《时尚》杂志作过一幅奥黛丽·赫本的素描,他特别指出:“她的眉毛斜向东方。”不过,赫本和她父亲的相似只是在外表上,她的性格更多得益于她那出身不平凡的贵族母亲。

当时布鲁塞尔是欧洲最有魅力的城市之一,布局合理恰如其分,市容清洁整齐,庄重而有秩序,是一个舒适而又优雅的地方,处处充满魅力,也很讲究礼仪。这里的艺术气息十分浓郁,每年都要举办高端艺术节,人们沉浸在高雅的音乐剧表演之中,陶醉不已。布鲁塞尔有一座可以容纳2200人的艺术宫,在当时的欧洲都十分少见,它吸引了众多杰出的艺术家到场献艺,意大利指挥家托斯卡尼、奥地利指挥家克莱伯和荷兰指挥家门格尔伯格就是这里的常客。然而布鲁塞尔除了有这些精彩绝伦、高雅的艺术欣赏活动,在这个城市的广场上,也会有各种假面舞会和狂欢活动外,置身其中的人们可以尽情歌舞,仿佛是在罗马,是在盛大的狂欢节中。

因此,布鲁塞尔人如同这座独特的欧洲城市一样,普遍具有性格的两面性,他们既可以在平日里保持稳健持重、风度优雅的举止,也可以在特定的场合畅享欢乐,自由自在。成年以后的奥黛丽·赫本身上,就并存着布鲁塞尔这座城市赋予她的天性,她身上既有一种古老神秘的气息,又充满着现代活力,二者并行不悖地融为一体。

生活在布鲁塞尔,小赫本自然受到了这个城市和家庭很好的艺术氛围的影响和音乐熏陶,她对古典音乐很感兴趣。有一次,她边听音乐边问妈妈:“音乐有什么用?”艾玛看着总是随着音乐挥动小手的可爱女儿,微笑着说:“为了跳舞呀!”没想到母亲这句随意的回答,竟然对她起到了至关重要的作用。

两岁多的时候,父母出于工作的需要把她带到了英国。有一天,艾拉带着小赫本在福克斯通的一个公园里玩,英国的气候常年潮湿多雨,难得遇到这样好的天气,阳光普照,公园里绿草如茵,不少居民都带着孩子和小狗到公园里散步晒太阳。小赫本因为从小体弱,所以到了两岁多才学会走路,而且走起路来还不太稳当,在公园的林荫道上,她迈开小腿,走得还有点不稳。她追逐着跳跃活泼的小狗,十分开心。

艾拉遇到了一个熟人,两人站在林荫道旁聊了起来,十分热络。过了一阵,艾拉想起女儿,发现刚才还在草地上和小狗玩耍的她不见了!艾拉的心一下子提到嗓子眼,女儿呢?她四目张望,这时,她听见远处草坪上传来军乐队吹奏的流行音乐的声音,四周围满了看热闹的人群。哦,是不是女儿也跑过去听音乐了?她发现很多带着孩子的保姆和婴儿车围成了一个圈,围观的人正发出快乐的笑声。艾拉赶紧跑过去,她越过人群从缝隙中望去,看哪!草地正中间,她的小女儿正在跳舞!她脸上带着稚嫩可爱的笑容,随着军乐队演奏乐曲的欢快节奏,正跳着一种“自创”的古怪舞蹈,摇头晃脑,小身子还一扭一扭的,手脚都没闲着,相互配合得还挺有趣!围观的保姆和妈妈们都啧啧称赞:“这个小家伙是谁家的孩子?多可爱!”

艾拉放下心来,也不禁笑了。这个女儿,简直就是为舞蹈而生的精灵!听到周围人们的赞美,艾拉心生自豪。

尽管心爱的小女儿好不容易活了下来,但艾拉并没有因此对她溺爱有加,她深爱女儿但几乎从不表露,反而对女儿态度十分严厉,甚至缺乏温情。其实在她的内心中,她对女儿寄予了很高的期望。她自己从小就非常喜欢艺术,热衷于

草地正中间，赫本正在跳舞！她脸上带着稚嫩可爱的笑容，随着军乐队演奏乐曲的欢快节奏，正跳着一种“自创”的古怪舞蹈，摇头晃脑，小身子还一扭一扭的。

名家名言

女人的魅力不在于外表，真正的美丽折射于一个女人灵魂深处，在于亲切的给予和热情。一个女人的美丽随着岁月而增长。

名家名言

珍惜生活，不管发生了什么，不管遇见谁都要享受这次经历。在我看来，过去的经历让我懂得珍惜现在，我不愿在对将来的忧虑中蹉跎眼前的时光。

欣赏歌剧和芭蕾舞，渴望当一名活跃在舞台上的漂亮女演员，但贵族家庭严格的维多利亚式教育，她的女男爵的高贵身份，都绝不允许她从事这些方面的活动，家族施加的压力是一个女孩子无力反抗的。

到了20世纪30年代，时代发生了改变，家族的身份对艾拉的后代已经没有太多约束了。她希望女儿长大后能够出人头地，成为一个优秀的演员或艺术家——她希望自己的女儿能够替她实现儿时的梦想。正因为如此，相比起两个哥哥，母亲反而对这个唯一的女儿要求更为严格。

阅读思考

① 你认为环境对人的成长是否有深刻的影响？

② 艾拉把自己未实现的梦想寄托在女儿身上，你能理解吗？

第三章　爱爸爸更多一点

童年的赫本在性格中就显示出了两种截然不同的特质。在来访的客人眼里，她们看到的赫本文文静静、胆怯害羞，每次艾拉把她带到客人面前时，小赫本都看起来有点紧张。她不知道自己的站姿是不是像妈妈要求的那样端正，对客人的行礼是不是看起来很优雅标准。

“您好！认识您很荣幸……”她总是一丝不苟地按照母亲对她的礼仪教导，对来访的客人表示欢迎。

母亲的朋友们每次见到这个文静、衣着整洁、扑闪着一双大眼睛、漂亮又有礼貌的小女孩，都有说不出的喜爱。他们常常会送给她一些小女孩喜欢的礼物，比如宫廷娃娃之类的玩具。其实小赫本并不像其他小女孩那样迷恋洋娃娃，相反，她更喜欢活蹦乱跳的小狗或小猫、会唱歌的小鸟——但是母亲从来都不喜欢她和它们玩，因为那样会弄脏她的新裙子和新鞋子。但每当接收礼物的时候，她还是非常礼貌客气地鞠躬表示感谢，然后抱着这些玩具离开客厅，或者安静地坐在母亲身旁听大人们高谈阔论，不插一句话。

“艾拉，我看呀，你这个小女儿教育得太成功了，你看她这么小就有英国王妃的气质呢！将来她会嫁给哪个欧洲国家的王子呢？哈哈哈……”母亲的朋友们偶尔也会拿她开玩笑，小赫本听懂了，害羞地扭身跑出客厅，身后还传来阵阵客人们善意的笑声。

“我的小猴精！你在哪儿？小心我抓住你！”

爸爸和小赫本在花园里玩捉迷藏的游戏。在热情好客、果断严厉的母亲面前，小赫本有说不出的畏惧，她和哥哥们总是因为没有记住那些严格的礼仪被妈妈批评，例如喝汤的时候不能发出响声，吃饭时对别人递过来的菜要说“谢谢”，客人来访时要对客人表示欢迎和问候，不能在陌生人面前失礼出洋相……

高大帅气、风度翩翩的爸爸对小赫本十分温和宠爱，也没有那么多烦琐的礼仪要求，他虽然平时很忙，但总会抽出时间来陪她玩游戏，给她带回家各种新鲜有趣的玩意儿，让她时常惊喜不已——她对宠爱她的爸爸远比对妈妈亲热。

小赫本没有出声，她趁着父亲不注意，跑进花园旁边的小果园里，她手脚并用敏捷地爬上了一株果树，小小的身子藏在浓密的树荫里，还真的不易发觉呢。这是她和两个哥哥玩耍的时候练就的本事，现在和爸爸玩捉迷藏派上了用场！

约瑟在花园里找了半天，没发现女儿，就来到了果园，果园里果树枝叶茂盛，女儿应该是藏在这了！可是他四处张望，拨开茂盛的蒿草，都没有看到小赫本。他有点纳闷，这个小机灵鬼，能藏在哪呢？

正在父亲挠头时，头顶上方的树上传来一串银铃般的笑声："爸爸，我在这儿呢！"小赫本咯咯笑着说："爸爸，我给你摘个橘子，看看甜不甜？"她的手上拿着一个金色的橘子，"哧溜"一下滑下来，小脸上蹭了一些灰，漂亮的花裙子也被树枝刮破了一角蕾丝边。

"哎呀！"小赫本有点沮丧："妈妈要骂我啦！"

"别担心，小猴精，我会跟妈妈解释的，你是为了给妈妈摘最新鲜的橘子才弄破的衣服，不是吗？她会原谅你的！"

父亲亲昵地亲了一下她的脏脸蛋："你怎么会爬树的？太让我吃惊了！这么高的树上摔下来怎么办，以后别再吓唬爸爸了啊！"

小赫本嘻嘻笑着点点头，她的小手被爸爸温暖的大手紧紧握着，两人一路小跑跑出了果园。

赫本的哥哥亚历山大和伊恩与她同母异父，他们是艾拉第一次婚姻的结果。当年刚刚二十出头、任性浪漫的艾拉奋不顾身地走入了婚姻殿堂，虽然嫁给的是门当户对的荷兰贵族、皇家侍从，但由于两个年轻人的脾气都是那么倔强固执，互不相让，即使在生育了两个儿子之后，他们仍然无法心平气和地过平静安宁的日子。从婚姻泥淖里果断解脱出来，对他们来说是正确而快乐的选择。这场短暂的婚姻对艾拉的影响很小，她浪漫乐观的天性让她仍然对爱情充满期待和渴望。而且作为一个虔诚的基督徒，她所信仰的宗教让她回避事情的真相，不去苦苦沉溺于过去无法自拔，对她来说，未来远远比过去重要。

艾拉第一次去苏门答腊时，认识了约瑟·安东尼·赫本·拉斯东。她一下子被这个有着方方的下巴，身材高大，衣着考究的潇洒绅士吸引了。关于约瑟的资料有些含糊，他的身份一般都认为是个英国银行家，在他幼年的时候家境富裕，良好的出身和教育使他衣着讲究，举止自信而潇洒，长大后成为一个典型的英国年轻绅士。但他的生活并非一帆风顺，家庭发生变故，母亲离婚又再婚，继父几乎挥霍了家中所有的钱，在那段艰难的日子里，约瑟不得不靠自身的聪明和魅力来谋生。他幸运地具有很高的语言天赋，会说多国语言且善于言辞，加上他高大帅气的外貌，在各类社交圈中很受女性的欢迎，他身上混合着的苏格兰、爱尔兰以及奥地利血统让他乐于冒险和善于运用自身的魅力，尽管这其中充满了危险和不稳定。

虽然约瑟有着英国人的古怪脾气，虽然他很早结婚又离异，但是艾拉对他一见钟情，在她心中，他和自己有相似的感情经历，况且他看上去知书达理、风度翩翩，言谈举止非常有绅士风度，艾拉任凭心中的爱情火焰燃烧，后又追随他去了雅加达，太平洋岛国的生活充满了热带风情和浪漫气息，艾拉的热情也点燃了约瑟，他们的爱情之火越燃越烈，二人顺理成章地结了婚。

阅读思考

① 赫本为什么爱爸爸更多一点呢?

② 赫本父亲和母亲的教育方式你更喜欢哪一种，为什么?

第四章　父亲从生活中消失了

但是很快，拉斯东夫妇的婚姻就出现了不协调的音调。他们时而好得像一个人，时而争吵不休，脾气越来越像，好像一个模子里倒出来的一样——都极有主见和自信，母亲的荷兰式固执与父亲凯尔特人式的任性从来就是针尖对麦芒。

小赫本并不知道他们为什么动不动就吵起来，他们嘴里说的那些高深的词汇什么政党啊、联盟啊、法西斯啊她完全不懂，但父母的争吵总是令她害怕和紧张。她总是在观察父母的表情，揣测今天他们是高兴还是不高兴，这令她精神紧张焦虑，心里忐忑不安，没有一点安全感。争吵总是不期而至，有时候是在一家人坐在餐桌旁开始吃饭时，有时候是刚刚送走客人后，有时候她刚刚入睡，就被楼下父母亲激烈的争吵声惊醒了。

有一次，吃午饭的时候，父母一开始平静的交谈声忽然提高了，母亲尖锐的声音把父亲激怒了，他气得面色发紫，扯下脖子上的餐巾用力摔在桌子上，愤怒地将手中的杯子和叉子掷向盘子，随着清脆刺耳的“哗啦啦”杯盘破碎的声音，他气冲冲地拉开椅子站起来，冲着艾拉嚷嚷：“我受够你了！”

小赫本从来没有见过父亲如此生气，他高大的身躯和蓬乱的头发看起来就像一头愤怒的狮子！而母亲的微笑和优雅也无影无踪，她横眉怒目，嘴巴一张一合地翕动，空气中充斥着一股暴风雨来临般的恐怖气息。小赫本吓坏了，她浑身哆嗦着，钻到了餐桌下，闭上眼睛、捂住了耳朵，小小身体蜷缩起来，她真希望自己从没有听到过这样恐怖的声音，恨不得自己一下子消失才好。等到父母战火平息，保姆把她从餐桌下拉出来时，赫本早已是满面泪痕。

父亲变得不爱回家，对母亲也常常很冷淡。赫本不知道自己应该怎样对待他们，该站在哪一边支持谁。而父母亲往往沉浸在自己的成人世界里，并没有关注到女儿紧张不安的眼神。赫本常常一个人坐在小花园的树下，一动不动地盯着树下的小草或者一朵花发呆。直到吃饭时间，保姆呼唤她的声音才会把她惊醒。但她并不觉得孤独，一个人的时候，她

的心情反而平静得多,她十分爱幻想,小花园就是她的整个世界,花园里的灌木她可以把它们想象成一片辽阔的森林,森林里会有许多可爱的小动物与她做伴,比如蚂蚁、金龟子、蜜蜂和蝴蝶。她的小房间靠近花园,在她眼里,那是她的一座神秘城堡,而她就是这座城堡的主人。她变得更加沉静、内向,少言寡语。

母亲觉得女儿应该自幼接受正规良好的教育,向约瑟提出要把小赫本送到英国的一所私立学校学习,接受正规的英式淑女教育。好在父亲经常在英国有银行业务,他能够时常去看望女儿,尽管有些不情愿,他还是尊重了妻子的意见,让艾拉带着赫本去了英国。四岁的赫本头发按照妈妈的意愿,剪成当时流行的"荷兰女孩"发型,齐耳的短发,只是在左边眉毛上方,留了一部分斜刘海,显出几分顽皮可爱。

小赫本在英国私立学校寄宿独立学习,与父母分离,只是在假期里才回到布鲁塞尔父母身边生活。离开父母的独立学习经历,让小小的她迅速成熟起来,她性格中安静、内向的一面不断放大。她学会了阅读而且非常喜欢读书,这让她找到了沉浸在自己内心世界的最好办法,她最喜欢的是吉卜林的书,这位英国小说家写的《丛林的故事》《正是如此的故事》和《吉姆》在欧洲风靡一时,丰富了千千万万孩子的童年生活,幼小的赫本也喜欢在作家描绘的世界中遨游。

赫本孩提时代遭受的最沉重的打击,而且终其一生都未能平复的事情,就是父母的离异。

1935 年 5 月,约瑟做出了离家而去的决定。艾拉一言不发,只是默默地哭泣——为了眼前这个浮华的男人,她冒着名誉扫地的危险,付出了巨大的代价和前夫离了婚,可是就是这个男人,却最终在感情上背叛了她! 分开是他们唯一的出路。艾拉明白这场婚姻已经无法挽回了,她的头发一夜之间变为灰白,一个乐观开朗、青春热情的少妇仿佛霎时间变成了一个耄耋老妇。

6 岁的赫本哭着恳求父亲:"爸爸,你不要走,不要离开我和妈妈!"

她的眼泪如断线的珠子一样落下来,滴到她的衣襟上,滴到父亲的鞋子上,她紧紧抱着父亲的腿不松开。然而约瑟决心已下,他轻轻地推开她,没有再看她一眼,也没有像往常那样吻她一下,就头也不回地走出了大门。

赫本大哭不止,她觉得自己就像一个被抛弃的孩子,心里只有一个念头:"爸爸不要我了,爸爸不要我了!"她不知道爸爸为什么这么狠心,她哪里做错了呢? 她回头看看妈妈,一向乐观坚强的妈妈此时脸庞上爬满了横七竖八的泪水,妈妈没有哭出声,但她的悲哀与绝望写在脸上。小赫本看着哭泣的妈妈有些不知所措,她六神无主地靠在妈妈身边,心想:"我们该怎么办呢? 我们该怎么办?"她的感觉中,脚下站立的土地似乎离她而去了,她完全被悬置在了半空中,抓不住任何可以依靠的东西:"爸爸真的走了,爸爸再也不会回来了!"

奥黛丽·赫本 50 年后回忆这段往事,她说:"当时我崩溃了。我每天不停地哭泣。……我崇拜我的父亲,从他失踪的那天起我就非常想念他。在我才 6 岁时他就离开了我,对我来说是非常可怕的。如果我每天都可以看到他，我就能感觉到他对我的爱，因此我忌妒那些有父亲的孩子。我母亲非常爱我，但是她不会表示出来。没有人拥抱我。”

严重的失落感和不安全感，使赫本更加郁郁寡欢，更加沉默了，她完全失去了一个小女孩应有的快乐童年，她的大眼睛中总是充满了忧伤和孤寂，她性格孤僻，拘谨不安，与同龄孩子在一起，她总是显得那么不合群，邻家的孩子们也越来越疏远这个心事重重的女孩，他们觉得她简直就像个老太太似的寡言无趣。

多年以后，赫本在接受电视采访时说：“生活在纳粹统治下并不是造成我不安的原因，父亲的离去才是造成我缺乏安全感的真正原因。这使我对任何的亲密关系都没有安全感。每次我谈恋爱结婚后，我便会活在唯恐被遗弃的恐惧中，无论你的最爱是什么，你都会因为爱他而更加害怕失去他。”父亲过早地离开她，造成了她童年深深的心理阴影，父爱的缺失对赫本的婚姻生活也带来了负面影响。

阅读思考

① 父亲在孩子的成长过程中作用不可替代，父亲的离去给赫本带来了什么影响？

② 赫本的父母感情出现了问题，父亲应该不告而别吗？

第五章　为了跳舞，减肥！

1938年，赫本9岁了，她的个子长高了不少。有一天，母亲艾拉很认真地问："奥黛丽，你想不想学习芭蕾？"

"芭蕾？"小赫本一听这个词，眼睛就开始放光："当然，我做梦都想学呀！"

"嗯，芭蕾舞演出看起来轻松优美，但跳起来可不是看着那么容易，要成为一名出色的芭蕾舞演员，不知道要吃多少苦……每天都要坚持训练！你能受得了吗？"艾拉盯着她的眼睛问。

"妈妈，我早就知道，芭蕾舞用脚尖跳很难，但是，只要能让我跳舞，吃多少苦我都不怕！"小赫本信誓旦旦，非常诚恳。一提起舞蹈，她平日那副沉静寡言的样子就不见了，人一下子活泼起来，眼睛里仿佛落入了小星星，亮晶晶的。

"好吧，那从现在起，我就送你去学芭蕾。不过你必须答应我，一定不能影响功课，否则就不能跳了。"赫本欣喜若狂，

简直要跳起来了，对妈妈开出的条件毫不犹豫地同意了。

赫本开始学习芭蕾舞了。舞蹈老师发现，这个小女孩对音乐和舞蹈有着与生俱来的天赋，她对芭蕾舞的喜爱远远胜过一般人，她简直就是一个为舞蹈而生的精灵！一套上芭蕾舞鞋，穿上舞衣，她就像被舞蹈的神灵附身一般，开始不停地旋转、跳跃，她的学习热情无人能比。这让老师们很快就喜欢上了这个大眼睛、笑容甜美腼腆的女学生。

赫本自觉接受学校的严格训练，很快就掌握了所有基本步法和基本动作。她兴趣盎然，不知疲倦。在所有的孩子都跳累了的时候，还有一个小小的身影在不停地跳跃，老师们不用看就知道，那一定是新来的奥黛丽·赫本。

舞蹈室四面都是洁净明亮的大镜子，每个学生都能够从各个角度看到自己的动作、姿势、步法是否符合标准，这些10岁左右的小姑娘们每天对着镜子，一遍遍地跟随形体老师训练，耳边不时传来老师的提醒："注意你的腿，侧身，伸展，向前，脚尖绷直，抬高一点，再高一点！"

赫本望着镜子中的自己，镜中的小姑娘身高不比其他女孩矮,可是,她的胳膊、腿和身子都有非常明显的“婴儿肥”,看起来感觉又矮又胖！尤其是她圆滚滚的膝盖和胳膊肘,和那些纤细骨感的芭蕾舞明星差得太远了！赫本常常会为此感到沮丧万分。

“我要减肥!”赫本咬着嘴唇,暗下决心！不到10岁的赫本就开始像一个成年女孩那样,开始为自己的肥胖烦恼了,为了成为一个美丽的舞蹈家,她必须减肥！舞台上圆滚滚的身体怎么能扮演美丽高贵的天鹅呢,肥鹅还差不多!

跑步一定能减肥！两个哥哥出去玩耍,平时她是不喜欢凑热闹的,现在,她要求他们带上她,一起去田野赛跑！两个哥哥哈哈大笑,他们甩开长腿在田野中飞奔,赛跑对他们来说是太轻车熟路了,一会儿工夫,他们就把她远远地甩在后面。伊恩回头对妹妹做了个鬼脸,大喊:“来啊,来追我们啊!”

赫本气喘吁吁地追赶,田间的草高低不平,她觉得两腿发软,脚步踉跄,差点被丛生的杂草绊倒！汗水顺着发梢滴下来,她的头发贴在肉乎乎的脸颊上,她听见自己的心脏“咚咚”的跳动声,就像擂鼓一般。直到两个哥哥都跑累了跌坐在草地上,赫本还在咬牙坚持继续跑。哥哥们不再嘲笑她了。

节食一定能减肥！一日三餐时间,是赫本最怕的时刻。面对餐桌上的面包、巧克力甜点和松软的蛋糕,她真的很纠结。哥哥们在肆无忌惮地大口吃着美味的食物,而自己只能偷偷地咽口水。

“奥黛丽，晚餐你吃得很少，来块巧克力甜点吧？今天的甜点味道很棒。”艾拉知道女儿最喜欢巧克力蛋糕，可是她已经整整一周没有碰一下了。

“谢谢妈妈，我不吃！我要是吃了这块巧克力蛋糕，今天我两个小时的跑步就白费了！”赫本的眼睛盯着面前那块泛着咖啡色光泽的香软美味的巧克力蛋糕，费力地咽下了口水。为了能够有一个芭蕾舞者的标准身材，她必须坚持！

艾拉给了女儿一个赞许的微笑。她转过头去不满地批评二儿子：“伊恩！你看看你，注意你的吃相，坐好！不要忘了跟你讲过的礼仪和规矩！”艾拉无论什么时候，都忘不了教育儿女不要在众人面前失礼。礼仪在她看来就是友善和教养，不能在公众场合故意引起别人的注意，什么时候都不要忘了给老妇人开门让座，三个孩子为这些没少挨艾拉的严厉批评。

就这样想尽了办法，而且非常坚定地坚持了将近一年，赫本的减肥计划却没有看到什么明显的效果，对自己的身材和容貌的不满一直折磨着小赫本：“什么时候，我才能变得像舞蹈明星一样，脖颈颀长、身材纤细、脚步轻盈，就像一只美丽的天鹅那样!”对外形的不满意是赫本学习芭蕾期间最让她苦恼的一件事,也许正是小时候对自己的身材容貌留下了太多负面的记忆,这个世界上最美的女人在成年后,从未承认过自己是完美无缺的美女,甚至对自己的身材和容貌一直很不满意。

阅读思考

① 小赫本为了得到跳舞的标准身材坚持锻炼减肥,你怎么看?

② 长大后的赫本为什么对自己的容貌和身材总是不满意?

第六章　回到阿纳姆

1939 年，第二次世界大战爆发，艾拉有亲戚在荷兰政府工作，她得到消息，假如英国与德国开战，荷兰政府将会保持中立，荷兰与德国政府多年来建立了长期的贸易和血缘关系，大多数荷兰人认为，即使战争开始了，战火应该也不会烧到他们的国土上，所以艾拉认为回到荷兰会比较安全。她的家族在阿纳姆有一些产业，艾拉认为在那里自己才能独自养大三个孩子。

然而，艾拉万万没料到，位于荷德边境的小城阿纳姆在战争一开始，首当其冲地就成为纳粹最先占领的地方，赫本一家在国土沦丧的噩梦里艰难度日，这个噩梦整整持续了五年多。如果不是有音乐和芭蕾舞的陪伴，很难想象已经失去父亲的赫本用什么作为精神支撑，来熬过她一生中最艰难痛苦的五年时光。

很多人以为，艾拉既然出身高贵又有男爵夫人的头衔，她的家庭又那么富有,在经济上一定是高枕无忧的。而实际上并非如此,艾拉的好友宝玲·艾娃莎夫人听说她从布鲁塞尔搬回了阿纳姆,热心地去拜访她,闲谈间也关切地问起她的家庭财产情况,靠什么来养活这三个孩子。

艾拉微笑着说:“什么财产?什么都没有。”

艾拉当然并不是家徒四壁、一无所有,她手上还有一笔积蓄,但是家族并不能提供她更多的经济支持,一个单亲母亲,为了不坐吃山空,她必须得找份工作,挣的辛苦钱她一个子儿都不能乱花。她并没有把家安在豪华的城堡里,而选择了阿纳姆临街的一套公寓,房子虽然比布鲁塞尔的家小了很多,但是也干净舒适。

艾拉是个很能干的女人。她很会安排全家人的生活,她自己动手买来窗帘和桌椅餐具,把小公寓布置得温馨洁净,自己洗衣做饭,把自己和三个孩子打扮得整洁体面。

她顺利地找到了为一家德国房产开发公司布置样板房的临时工作,艾拉灵活的头脑和她不俗的品位,总是能让她布置的样板房比别人的更雅致、更有时尚创意,因此受到老板的夸赞和欣赏。在艾拉工作忙碌的时候,小赫本会自觉地帮助妈妈做些力所能及的家务活——她总是那么乖巧温

顺，虽然还是像小时候那样，少言寡语得让艾拉有点担心。

阿纳姆是一座典型的具有荷兰风情的风光旖旎的小城，小城四周被起伏的小山丘所环绕，有高大茂密的林地，有长年不断流的瀑布，公园和大街上遍布荷兰郁金香，一到开花的季节，郁金香热烈奔放地盛开，色彩斑斓如同一幅油画，香气弥漫整个小城，令人陶醉于花海。赫本最喜欢的，是小城里长年不断的悠扬的钟声，全城有12座塔楼不断地敲钟报时，一到报时时刻，小城仿佛成了一座进行盛大演出的舞台，每一个角落都回荡着动听的钟声，星期日和假日还会演奏欢庆钟琴乐曲。

阿纳姆虽然不比布鲁塞尔的艺术气息浓郁，但城中也有一个美不胜收的艺术画廊以及许多收藏丰富的博物馆，还有一些很有建筑特色的城堡。周末的下午，当地的交响乐团总是尽量给孩子们举办一些很好的音乐会。小赫本非常喜欢举办音乐会的日子，她总是要求母亲陪伴她提前到场而且场场不落，成为乐团最忠实的小观众之一。小城里偶尔会有芭蕾舞团演出，每到此时，所有和赫本一样喜爱芭蕾舞的女孩们都会疯了一般，蜂拥而至观看演出。

在音乐厅外面的宣传招贴画上，芭蕾舞明星的大幅剧照吸引着所有人的目光——那脚上绑着漂亮丝带的白色芭蕾舞鞋，有着透明裙裾像天鹅翅膀一般柔美的舞裙，修长的胳膊、纤细的腰肢，还有芭蕾舞明星高贵忧伤、轮廓鲜明的脸庞，都成为小城里女孩们永不厌倦的谈论话题，她们都梦想着有一天自己能成为高雅的舞蹈家,拥有那种梦幻般的美丽。

赫本后来进入阿纳姆音乐舞蹈艺术学校初级班,继续学习芭蕾舞。那时她在阿纳姆一所走读学校读书,不仅长相上她继承了父亲的优点,而且和父亲一样,她天生就有出色的语言能力,会讲流利的英语和法语,当然还有荷兰语。在学校里,她学习非常用功,老师和同学都对她十分友好和喜爱,她喜欢这所学校,她还交到了一个非常要好的朋友。这可不像幼年在英国私立学校读书时,学校有些出身贵族、自认为是真正英国淑女的同学嘲笑她不纯正的英国口音,让她非常自卑。

1940 年 5 月,德国人占领了阿纳姆,宣布这个小城是第三帝国的一部分,所有的报纸、电台和其他通信手段都处于德国的控制之下。市民们不能有任何不服从的表现,否则会立刻遭到惩罚!荷兰威尔汉明娜女王也逃亡伦敦,并在那里成立了流亡政府。冯·希姆斯特拉家族的产业根本不可能带走,最终被德军全部占领了,艾拉和舅舅们将少数贵重物品在德军入城之前,连夜埋藏到了乡下。很快,他们手上的金子和其他贵重物品全被没收,生活一下子变得艰苦起来。更大的打击接二连三地落到这个家族的头上,艾拉的一个当律师的哥哥和另外一个堂兄弟被德国占领军判了死刑,大儿子亚历山大被当做战俘送往德国的集中营劳动,小儿子伊恩也曾被短暂地拘捕过。

没有父亲,家里唯一的成年男子也被带走,赫本和母亲的生活状况随着战争陷入了越来越糟糕的地步。到 1942 年,她们的房屋被征用，财产被作为军用物资充了公，银行账户也被查封了，所有的生活来源都被切断了！艾拉不得不四处打听什么地方需要人手，无论多苦多累的活计她都不嫌弃，她努力地工作，以微薄的收入去换取每一天的饭食。寒风将她的皮肤刮粗糙了，她很快变得衰老起来，与家庭妇女看起来没有什么区别。

在最困难的时候，家里的粮食所剩无几，也没有钱去买高价的面包和蔬菜，但艾拉性格坚强乐观，她没有因为面临困境而终日愁眉不展，她对赫本说："走！我们去挖野菜！田野里的野菜足够我们吃一整个春天呢！"赫本和母亲带上篮子和工具，一起去郊外挖野菜，那些野莴苣和郁金香的球状花茎可以吃。

艾拉兴致勃勃地把这些原来只是用来观赏的植物根茎和稀薄的燕麦一起煮成粥，还不忘和赫本开玩笑："你不是总是觉得自己太胖吗，亲爱的？吃了莴苣燕麦粥，你一定会实现瘦身的梦想啦！"

赫本的肚子早就饿得发出了"咕咕"的响声，接过妈妈递给她的粥碗，来不及等热气散尽，就急迫地喝下一大口！野菜燕麦粥，哇，那苦涩怪异的滋味让她皱起了眉头——从小到大没吃过比这个更难吃的东西了！

看着女儿小脸的表情，艾拉勉强维持的笑容消失了，她又提起唠叨过很多遍的话题："唉，如果当初没有把你们带回阿纳姆，或者，让你跟着你父亲在英国，都不会有今天的苦日子了。"

赫本很懂事地安慰妈妈："这没什么，妈妈。一开始是有点不好喝，但是多喝几口就习惯了。妈妈，我的体重真的越来越轻了！最近舞蹈老师又夸我进步了！"

阅读思考

① 母亲艾拉的性格对赫本有影响吗？

② 小赫本为什么没有对清贫的生活发出抱怨？

第七章　木制的芭蕾舞鞋

成为一个出色的芭蕾舞舞蹈家不仅仅是赫本的梦想，伴随着音乐跳芭蕾也是她少年时期失去父亲后弥补心灵“空白”的有效方法。尽管战争开始后，生活变得越来越艰辛，德军的管制越来越严格，但是音乐还是被认为是超政治的一个领域，虽然所有非德国和非奥地利作曲家的作品都遭到了禁止，但巴赫、莫扎特、贝多芬和海顿的作品还是可以尽情演奏欣赏的。奥黛丽成年后回想这段日子，她说：“在战争期间，条件改变了，但人的内心世界是不会改变的，如果在战前你想要成为一个舞蹈家，尽管战争发生了，但想当舞蹈家的决心并不会因此而改变。”

赫本在阿纳姆剧院学习芭蕾舞，她一周至少三个晚上在剧院演出，还能有一点微薄的收入。令她感到自豪的是，几乎每次演出剧场都满座，战争的残酷和艰苦的生活并没有让小城里的人们放弃对艺术的热爱和追求。她给奶奶的信里讲过这样一件事:有一次,她和三个女孩一起排练了一个新的舞蹈,可是就在排练的最后阶段,一个女孩突然打电话来说,不能参加晚上的演出!辛辛苦苦排练的舞蹈演不成了,但她没有泄气,和另一个女孩“黑奴一样”地工作,在最短时间内又学会了另外三个舞蹈!赫本知道,抱怨是无用的。她热爱舞蹈,尽管忍饥挨饿,却仿佛有使不完的力气,才十几岁的她就已经有了一种很强的战胜灾难的能力。只不过,她还是非常想念父亲,她会在给奶奶信的末尾,偶尔加上一句:“最近,我的父亲好吗?”

由于宵禁和灯火管制,在阿纳姆剧院的演出很快被禁止了。艾拉看到女儿因为不能继续跳舞着急,于是想了个办法。她在朋友的房子里修了练功把杆,雇用了一位临时老师来指导赫本和其他一些孩子。但是,老师到最后还是不能来了。没有老师,赫本穿上舞鞋开始自己当小老师,有板有眼地教那些年龄更小的孩子们跳舞。因为她的舞跳得好,基本功非常扎实,家长们都乐意让她来教。当然,还是有报酬的——每人一堂课收五分钱。这笔小小的收入,对赫本一家也算是一笔难得的经济来源。为了贴补家用,她还在公立艺术学校教小女孩学舞蹈和钢琴,做各种力所能及的事情。

跳舞是很费鞋子的,赫本尽管十分小心爱护着她为数不多的舞鞋,但是最后一双芭蕾舞鞋最终还是被磨得再也无法穿了——破烂不堪的舞鞋早已磨得失去了原来的光泽,鞋面和鞋帮分了家。

“妈妈,”赫本发愁地问:“能再买一双芭蕾舞鞋吗?”

“奥黛丽，现在哪里有舞鞋卖呀？”艾拉说：“连饭都吃不饱，工厂都关了门，你看商店里货架上空空的什么都没有。芭蕾舞鞋，那可是奢侈的东西。”

“可是，我还要上课，教她们跳舞啊。”赫本叹口气：“如果我能有一双永远磨不坏的鞋子就好了！”

“永远磨不坏？那只有铁鞋啦！”艾拉随口应道。

“铁鞋？”赫本说：“只要能不坏，铁鞋也行！可是，太重了吧……嗯，木头鞋怎么样？”

“木头鞋？哦，我好像见过木制的拖鞋，可是还真没见过木制芭蕾鞋呢！”艾拉摇摇头，“木鞋也会磨脚的呀！”

“妈妈，求求你，帮我想办法做一双木舞鞋，好不好？只要能穿着跳舞，磨不坏……”赫本眼巴巴地望着母亲，哀求着。

艾拉知道，跳舞是女儿最大的快乐，她得为女儿内心的这股狂热找到消解的渠道，这样兵荒马乱的时候，每天人心惶惶，学业中断了，再不让她跳舞，还不知道这孩子会怎么苦闷呢。艾拉就是艾拉，她总是有办法的，她真的让人给赫本做了一双木舞鞋！

赫本握着这双用新鲜软木做成的鞋子，反复端详，爱不释手，兴奋极了！她终于有了一双磨不坏的鞋子了！她小心地把脚穿进鞋子，再把外面的鞋带系上，她站立起来，试着迈出一只脚。鞋子不会随着脚掌弯曲，硬邦邦地阻碍着她脚掌的运动。但是，有一个好处！她可以轻松地踮起脚，稳稳地立在地板上，比穿软缎芭蕾鞋的时候容易多了！

赫本穿着这双木制舞鞋，继续教那些小孩子们跳舞，但是穿了一段时间后，她的脚就被磨出了大大的水泡，水泡挑破后，结痂，再跳。不能不说，这是只有在艰苦的战争时期才会发生的传奇故事！经历过如此艰难生活的赫本，一点儿也没有贵族小姐的娇气和任性，她意志坚强、有着顽强的毅力和抗压能力，遇事沉着冷静。

"芭蕾舞是我战争时期最重要的精神支柱。"成名后的赫本回忆她那段与舞蹈一起度过的少年时期时，这样说。

阅读思考

① 赫本为什么那么热爱跳芭蕾舞？

② 如果是你，你会穿木制的芭蕾舞鞋跳舞吗？

第八章 沉着冷静的小情报员

母亲艾拉因为她的热情和能干，在阿纳姆小城和当地众多的英国侨民建立了亲密友好的关系，并当选为英荷协会的重要领导人之一。对侵略者的厌恶和对战争的痛恨使她下决心参加地下抵抗运动，作为一个荷兰人，她要和自己的同胞一起，为国家的利益贡献出一份力量。年幼的赫本在母亲的带领和影响下，也参加了一些地下组织的活动。

地下组织的活动很频繁，他们秘密印制假配给证和假通行证，掩护荷兰爱国者行动。活动需要金钱支持，在敌人的眼皮底下募集资金，难度可想而知，赫本虽然还小，但她作为筹款计划的参与者，她有自己的办法——用自己的舞蹈演出为组织筹集微薄而宝贵的资金。在第二次世界大战期间，有很多孩子被卷入了战争的旋涡，他们有一种特有的单纯和勇敢，就像赫本的同胞——《安妮日记》的作者安妮·弗兰克——一样，他们都在战争中为祖国做着力所能及的事情。

12岁的赫本长高了不少，她正在长身体，三年来粮食的匮乏和营养不足使她原来一直为之烦恼的"婴儿肥"不知不觉消失了，原本圆滚滚的四肢变得消瘦细长。那件白色的芭蕾舞裙不仅旧了而且已经小了，穿在身上不仅呼吸不畅，而且肋骨清晰可辨。赫本消瘦的身材此时却成了舞者最想得到的结果。她会受到邀请到别人家里演出芭蕾舞片段，这些人艺术修养很高，就是在战争年代他们也渴望能够从黑暗的恐怖中暂时解脱出来，呼吸一口自由的空气。当然，他们也是爱国者，会为这些冒着生命危险的演出慷慨解囊。

门窗紧闭，窗帘低垂，连观看演出的观众都低声交谈——从住宅的外面经过的人，谁也不会发现，在这个民居里还会有这样一场精彩的演出即将开场。大客厅里灯光较暗，乐曲声轻柔——过于明亮的灯光和欢声笑语只能引来在大街上巡逻的德国士兵，引来杀身之祸。赫本永远不会忘记，曾经有70个荷兰学生计划破坏纳粹的电缆和煤气供应中心而被捕入狱。但恐惧并不能使杀戮和战争消失，赫本清楚地知道这一点，她勇敢地出场表演了。

她和三个女孩一起先表演了一个经典的芭蕾片段，然后是自己的一段独舞——当地很多芭蕾爱好者都说赫本是小城里跳芭蕾舞最好的女孩儿，不能看大型艺术团的表演，看看她的演出也是很令人高兴的。随着音乐轻舒双臂、轻盈跳跃的赫本暂时忘记了所有的恐惧与不安，沉浸在高雅艺术的氛围里，除了动听的音乐和优雅的舞姿，她什么也听不到、想不到了。

在荷兰作家德荣记录的关于荷兰人抵抗纳粹的故事书《跃起的狮子》里，曾经这样说道："在故意妨碍议案通过总运动在全国开展起来时，青年人效仿长辈们。青少年们充分认识到他们的祖国所发生的事情，他们小小年纪就理解到事情灾难性的真相。人们告诉他们女王和王室已被迫离开荷兰，流亡国外。他们看到那些穿着稀奇古怪的制服，说着莫名其妙的语言的陌生人，感到惊讶。孩子们根本不会考虑什么后果，而只是注意当年的生活。这些年轻的爱国者完全自发地投身到反对占领当局和叛徒的战斗中去。"

除了冒着危险通过家庭式演出筹集抵抗组织资金，赫本还和许多孩子一起，加入掩护荷兰爱国者的行动中去。因为孩子们年龄小，不太被德军注意，所以他们常常能够非常顺利地完成传递情报的工作，一个个都成了优秀的小情报员。他们把情报藏在衣服夹层里、自行车轮胎里或马鞍里——这有点像和敌人玩捉迷藏的游戏，他们胆大心细又机灵，什么危险的地方都敢去，一旦传递了非常重要的情报，他们就会高兴得跟过节一样。

赫本也出色地完成过传递情报的任务，而且还遇到过一次非常危险的情况，但她凭着冷静机智的表现，有惊无险地蒙骗过了敌人。那是一次德国人展开的大搜捕行动，搜捕的对象是一队空降在小城附近树林里的英国伞兵。情况十分危急，因为英国伞兵还不知道他们的秘密行动已经被德军发现，必须有人马上把消息传递过去，他们必须马上转移！小情报员们个个都很出色勇敢，但是，这些孩子中，只有赫本的英语说得最好,她最适合完成这个送信的任务。

那是1942年的春天,13岁的赫本穿着朴素的布裙子走出家门,冲妈妈微笑着摆手告别。她乌黑发亮的头发整齐地梳向脑后,头上扎着一根发亮的缎带,露出干净宽阔的额头。情报被妈妈仔细地缝在了裙子的夹层里,她手上什么都没拿,就像平日出门玩耍似的,一脸轻松愉快的表情,无忧无虑、蹦蹦跳跳地穿过小城的树林,向英军秘密驻地走去。

凭着对城郊环境的熟悉,她很快就找到了藏身的英国伞兵,荒山野岭突然出现的这个大眼睛女孩让伞兵们很意外,她大大方方地用流利的英语把自己的身份告诉了伞兵队长,然后把情报从裙子的夹层里取出,递给了他。伞兵队长匆匆看完,面色严肃,立即向队伍发出集合指令:"收拾武器行囊,向北行进！动作要快！"伞兵们动作麻利地收拾行装,气氛一时紧张起来。

队长赞许地看着赫本,握了握她的手:"太谢谢你了！我们后会有期！"他顺手摘了一把盛开的野花递给她,说:"勇敢的孩子,祝你好运！"

顺利地完成了任务,赫本心里别提多高兴了,她挽救了十多个英国伞兵的性命呢！见到这些英俊高大的英国士兵,听到熟悉地道的英文,她忽然想起了父亲,在英国的父亲一直没有消息,奶奶的来信也很少说到他。

满腹心事、低头走路的赫本完全没有留意,她的面前突然出现了一个德国士兵！他正顺着进入树林的小路,沿途搜捕英军的身影,远处,传来一两声德军士兵的口令,德军已经开始缩小包围圈了！赫本和德军士兵就在这条狭窄的乡间小路上遇了一个正着，想躲开已经来不及了！德国士兵看到了她，站住了。她心头一惊，但她知道，此时自己决不可慌乱！

赫本灵机一动，把手上的那把野花递给了他，行了个礼并用德语说："春天的野花很漂亮，不是吗？送给您吧！"她的友好的微笑和举止让这个年轻的德国士兵有些发蒙，他不由自主地用手碰了碰帽檐表示回礼，还友好地拍了拍赫本的肩膀，让她过去了。也许，那个年轻的德国兵根本没有料到这个笑容甜美的小姑娘会是个"情报员"！致命的危险就这样轻轻化解了。

赫本故作镇定、头也不回地往家走，只有她自己知道，冷汗已经湿透了她的内衣！

阅读思考

① 为什么赫本会冒着生命危险去从事地下组织活动？

② "有惊无险"地与德军擦肩而过，赫本具有怎样的心理素质？

第九章　饥寒交迫的难民生活

赫本快 15 岁了,她的个子突然一下窜得很高,接近一米七!这得益于她那身材高大的父亲。艾拉每次见到女儿,总会想起那个负心的丈夫,悲伤的情绪就会涌上心头,所以她对赫本总是表现得很冷淡,甚至故意拒绝女儿对她的亲热。这让赫本摸不着头脑,她连跟母亲撒娇的机会都没有。敌占区的食品短缺,在几年忍饥挨饿的生活中,赫本得不到足够的营养和食物,她几乎瘦成了一副骨架子,站在那里似乎一阵风就能把她吹倒似的。但是,残酷的战争还未结束,更大的灾难接踵而至,敲打着人们早已脆弱不堪的神经。

一天,小城被蒙蒙细雨笼罩着,天气阴冷灰暗,赫本和城中所有的孩子一道,看到了天空中出现的令人兴奋的一幕:无数个小蘑菇正在慢慢从小城上空灰色的云朵中降下来,近了,近了,看清了,那是英国伞兵!伞兵们来救援了,陆军少将罗伯特·厄格哈特率领一支英军空运支队，降落在阿纳姆，同德军展开了激烈的战斗！

德军的机枪开始疯狂地扫射，火焰喷射器向着伞兵们发射出毒蛇一样的火焰，一场大屠杀开始了！躲在地下室的赫本、伊恩和母亲捂着耳朵不敢听外面疾风骤雨般的枪声、交战声，但是被德军火焰喷射器击中的伞兵痛苦地号叫声还是钻进了他们的耳朵！德军纳粹丧心病狂地要把这支英国空军消灭得干干净净，一个小时内，成百上千发炮弹落到阿纳姆的土地上，美丽的花园城市瞬间变成了人间地狱！战斗一结束，德军下令：所有的居民必须统统撤走，包括医院里的病人在内，24 小时全部撤出阿纳姆，否则格杀勿论！他们要彻底占据这个战争前沿之地，不能有任何危险留在这里——如果英军和城里的居民里应外合，他们将腹背受敌。

阴雨不断，天空仿佛在哭泣！阿纳姆一夜之间变成了一座空城！在这样紧迫的催逼下，小城 10 万名居民仓促间来不及收拾细软便冒雨上了路，携家带口，连夜撤离。在城市上空，仍有纷飞的炸弹和探照灯的扫射，老人、妇女、儿童饿着肚子在雨中艰难地行走，他们的衣服被打湿了，鞋子里灌满了泥浆，每走一步都发出“咕叽咕叽”的响声。

那些受伤者、病人和残疾人也不得不离开医院，他们无法行走，又没有足够的担架和拐杖，有的人为了求生，不得不在泥泞冰冷的地上爬行，整个逃亡的队伍连绵数公里，队伍中不时传来孩子的哭声。老人们流着泪，嘴里不停地低声吟诵着经文，他们在乞求上帝饶恕人间的罪孽，帮助这些可怜的人们减轻苦难吧！这次阿纳姆大撤退的10万人中，有近3000人在路上饥寒交迫地死去。

艾拉带着赫本兄妹和其他将近400多名逃难者一起，在一座废弃的房子里安下身来。房子很旧，无人居住，门窗损坏严重，阴冷、潮湿、黑暗，没有取暖的设备和柴火。虽然赫本把冬天最厚的衣服都穿在了身上，但寒风从破损的门窗吹进来，还是一丝丝地钻进了她的身体，钻进骨头里，冷得她直打哆嗦。她和哥哥、母亲依偎在一起相互取暖。冷还不是最难熬的，只要身上有点热气就能抗住，可是他们都饿极了，已经两天没有吃口热饭了，现在，哪怕有口热水喝也好啊！

赫本躺在只铺着薄薄布单的木板床上，饿得前胸贴着后背，早上喝的一点燕麦粥早已消化得无影无踪了，她只觉得胃里好像伸出了无数的小猫爪，在不停地抓挠着她的胃壁，甚至要伸出她的喉咙——她只能咬紧牙关，不让那只“猫爪”冒出来！一丝丝的疼痛，一阵阵的抽搐，没有经历过饥饿的人，无论如何想象不到，饥饿给人带来的折磨，简直就是一种漫长而令人绝望的刑罚！每一分钟都变得那么难熬，她只觉得自己苍白干燥的皮肤下，所剩无几的脂肪在一点点地被耗尽，摸摸自己的手臂，好像一根细细的芦柴棍，轻轻一折就会“咔吧”一声折断！

面对着饥饿的威胁，难民们开始四处寻找可吃的东西来维持生命，逃难时带在身边的东西都开始变卖去换取高价的食物，而且这种交易还是暗地里进行的，德军对粮食买卖的限制非常严。严冬的郊外，野草枯萎，见不到一粒粮食，连野莴苣和郁金香的块茎都被挖得差不多了。很多人因为饥饿和伤病而没有挨过这个冬天，很多人甚至找不到一具薄棺木去埋葬死去的亲人，有的在郊外被草草掩埋，甚至有无人认领的死者横尸街头，连块裹尸布都没有。瘟疫开始蔓延开来，死亡的阴影越来越浓重地覆盖在难民们的头上，这样饥寒交迫、惨不忍睹的日子不知何时才是尽头！

艾拉竭尽全力去搜求食物，靠着当年和兄弟们在乡下藏起来的财物，她冒着危险在黑市上换取一些并不新鲜的少得可怜的食物，每天只煮一次稀薄的粥，聊以度日。赫本知道这些食物已经是非常金贵的了，不能再多要求什么。她为了让自己的胃有一些饱胀的感觉，就拼命地喝水，喝了之后就赶紧躺下——躺着是节省体力的最后的办法了。而且，因为贫血，她常常会觉得头晕，而从小就不太健壮的肺部也开始犯病了，有时候甚至喘不上气。瘟疫没有传染到骨瘦如柴的赫本，算是她的幸运了！

一天天躺在床板上的赫本不能看书，不能跳舞，不能多说话，她眼望着光秃秃的墙皮脱落的天花板，脑子里开始无边无际地幻想——天花板上那块被水湮湿又干了的图案，好像一块牛角面包，旁边好像还有一盘美味的荷兰海鲜饭……如果干草也能做成面包多好！那香喷喷、软软甜甜的味道啊！

这样的想象让她更难受，她拼命地遏制自己不去想，可是那些奇奇怪怪的念头还是顽强地冒出来——和自己的头脑做斗争，躺在床上的赫本看似一动没动，可是她却觉得累得要命。

阅读思考

① 严重的饥饿给赫本带来了怎样的人生体验？

② 相比于赫本的痛苦经历，你认为自己的成长经历是否幸福得多？

第十章　地下室里的幸存者

由于盟军兵团进驻了荷兰、比利时一带，德国人需要劳动力，他们占据了难民们的避难所，而且逼着尚能劳动的青年男子去修路障，可怜的伊恩就这样被带走了！临别时，他对艾拉说："妈妈别哭了，至少修路他们会给饭吃！你只管填饱你和妹妹的肚子就行了，不用操心我了！"明知这是安慰她们的话，可是妈妈和妹妹宁可相信，修路障无论多苦多累，至少伊恩不会被饿死了！

一天，德国人突然在喇叭里大声命令：市民们注意，青年女子立刻到广场集中！违反命令者，就地正法！听到广播里反复传来的命令，赫本一下子意识到，危险来了！为什么只要青年女子集中？要她们去做什么？虽然赫本只有15岁，但她的身高已经近一米七，看起来就是一个大姑娘了，而且，虽然长期处在危险和饥饿当中，严重营养不良、身体消瘦，但还是掩盖不住的亭亭玉立，楚楚动人。怎么办？赫本有些慌乱，可是，一早上艾拉就出门去换食品去了，家中只有她一人！怎么办？

赫本把自己从头到脚包裹得严严实实，大围巾下只露出两只眼睛，她跟在走向广场的人流里，四处张望寻找逃脱的机会。队伍里有不少陪伴女孩的母亲或亲人，女孩们瑟瑟缩缩地低着头走着，她们因为害怕，有的在哭泣，有的紧紧抱着母亲的胳膊，但粗暴的德国士兵将那些年老的妇女和男子赶出队伍，用枪逼着这些女孩儿们快走！赫本的心紧张得“砰砰”直跳，她甚至连喘气都觉得困难——连续躺在床上的时间太长，她觉得腿发软，身上一点力气都没有。

眼看着前面就是大广场了，赫本更着急了，广场上已经有德国士兵围了起来，进入德军包围圈恐怕就难以逃脱了！街边有一座被炸得只剩下四壁的一栋房子，房子的另一面连着另一条大街。赫本身后忽然有个女孩因为恐惧尖叫起来：“我不去，我不去！”那女孩挣脱了队伍往回跑，一个德国兵拼命追赶和呵斥，只听一声枪响，那女孩“扑通”一头栽倒在地！队伍一下子乱了起来，女孩们都尖叫着开始四处乱跑！场面立刻变得一片混乱！赫本压低身子朝着街边那座废墟房屋跑去，她就像一头灵活的小鹿，甩开长腿，三下两下就越过废墟，跑到了另一条街上，再三拐两拐躲进了一条狭窄的小巷。

小巷里有一座被废弃了的民宅，赫本撞开一楼摇摇欲坠的窗户，一下子就跳了进去！屋子里光线很暗，而且有股霉味，看来已经很久无人居住了。她的眼睛有点不适应，慢慢地看清了房间里的陈设,屋子里空荡荡的,有些瘆人。远处还能隐约听得到枪声,赫本知道德军不会善罢甘休,他们会到处搜捕的,必须得把自己藏起来!

地下室!对,那里最安全!她找到了地下室入口,迅速藏身进去,反手把门锁住。

赫本在黑暗的地下室大气不敢出,一直待到晚上,外面恢复了平静。德军没有搜查过来,看来暂时没有危险了。但是,那个被当场枪杀了的女孩倒下的身影一直在她眼前晃动,赫本不敢出去,不敢回她原来的住地去找母亲。或许大街上还有巡逻的纳粹,或许她和母亲居住的地方早被德军把守,她一出去恐怕就是自投罗网!

地下室里布满了灰尘和蛛网,有一些工具和杂物堆积在墙边。赫本不知道母亲现在在哪里,和母亲在一起的时候,尽管也饿得头晕眼花,但是能干的艾拉总还是能想出办法,在德军的眼皮底下断断续续换得一点粮食维持着,现在,赫本只能靠自己了!

赫本没有哭,她仿佛看到母亲严厉的眼神,母亲一定会说:哭有什么用!你不是小孩子了,想想办法!此时,她好像一下子长大了!是的,母亲在面对灾难来临的时候,特别镇定和坚强,赫本下定决心,一定要坚强地活着出去,回到母亲身边。

她冷静地在厨房里仔细寻找,看看能不能找到一点果腹的东西。

厨房里漆黑一片,她没有去找电源开关——整座城市晚上都没有电。她摸索着,墙边有一排木柜,她打开了柜门。她的手摸到柜子里有一些冰凉的瓶瓶罐罐,心里一喜:主人逃难时匆匆忙忙,是否还剩下一些食物呢?借着窗外微弱的月光,她把盖子一个个打开,轻轻地用鼻子去闻闻——大部分罐子是空的,这让她十分懊丧。然而,令她狂喜的是,她竟然找到了一个未开封的罐头,还有少量板结了的玉米粉和糖。

没有电、没有火,只有冰冷的水和一点点食物,赫本就这样在漆黑无人的地下室里,整整度过近30天!没有人知道,赫本是怎样一个人躲在黑暗地下室里,熬过这严寒冬季漫长的日日夜夜的,她的神经和疾病缠身的瘦弱身体为何如此坚强,竟能在近30天后,还能活着见到亲人和阳光!

1945年3月底,阿纳姆城终于解放了!听到这个消息,幸存下来的居民们拖着骨瘦如柴的身体,回到了被炮火洗礼过的家园。赫本离开了地下室,找到了一直在原地苦苦等候她的母亲。

艾拉简直不敢相信自己的眼睛:女儿还活着!艾拉傻了一样看着站在自己面前的女儿,她原以为,奥黛丽死了,战争夺走了她唯一的女儿!一个月不见,她简直认不出奥黛丽了!她的衣服肮脏破旧,沾满灰尘,头发蓬乱,失去了原来漂亮的光泽,脸色非常难看,苍白中出现了病态的姜黄色!她神色憔悴地站在那里,摇摇晃晃随时都会倒下!赫本得意又腼腆地对母亲笑了一下,露出了两颗长得不那么整齐的牙齿,艾拉的眼泪一下子喷涌而出:"天啊,我的孩子!"她颤抖着抱住赫本瘦弱的肩膀,激动得说不出一句话来。

战争结束了！有个盟军士兵给了赫本一把巧克力，一吃完巧克力，奥黛丽的神经一下子松弛下来，突然就病倒了，病得不省人事！她近一米七的身高，可是体重只剩下了41公斤！她高烧不退，躺在病床上生病垂危！贫血、气喘、黄疸症，心肺功能也受到了影响，长期营养不良引起了几种并发症。赫本需要青霉素等药物来治疗，但那时这些新药价格极其昂贵，艾拉已经没有钱去支付如此昂贵的医药费，她眼睁睁地看着女儿在死亡线上垂死挣扎，心急如焚！

艾拉给从前的朋友写信求助，她言辞沮丧，心情极其沉重！她请求朋友想办法给她寄几箱香烟，这是阿纳姆当时的紧俏商品，黑市价格高得惊人，如果能弄到香烟，她或许就能挽救女儿的生命！值得庆幸的是，赫本的病情终于被控制住了，但还是没有脱离危险。值得高兴的是，不久之后，二哥伊恩回来了！他还带了一笔钱回来！艾拉决定，一家人离开阿纳姆，到阿姆斯特丹去！那里的医疗条件好些，她必须要让赫本彻底好起来。

在阿姆斯特丹，赫本住了很长时间的医院，幸运的是，这期间，联合国求助复兴局（后来的联合国儿童基金会）送来了大量的救援药品和食物，依靠这些无偿援助，赫本最终恢复了健康。对于得到的那些救助和无偿支援，赫本内心充满了感激，她知道自己的生命是被他人无私的帮助挽救的，她的新生离不开国际慈善公益事业，这也是她为何在晚年作为联合国儿童基金会大使，为帮助世界上的贫困儿童贡献出所有的爱和力量的原因。

作为战争的幸存者，她看重生命与自由，对食物、健康、家庭等一切美好的事物都永怀感激之情，至死不变。

阅读思考

① 赫本能一个人在地下室坚持生活了近30天，什么是支撑她活下去的勇气？

② 这样一段人生经历造就了什么样的赫本？

第十一章　芭蕾梦的破灭

当赫本基本恢复了健康，穿上她的新舞衣和舞鞋开始练习有些生疏了的芭蕾舞时，她已经是阿姆斯特丹首席舞蹈教师索尼亚·加斯凯尔的一名学生了。来自俄国的索尼亚老师的舞蹈在当时别具一格，既有爵士舞蹈的现代感，又不乏古典舞蹈的优雅。

赫本来到她的名下拜师学艺，索尼亚一直记得她第一次见到这个出奇瘦削高挑女孩的情形。战后很多孩子都营养不良，瘦弱多病，但是，索尼亚还是禁不住惊讶眼前这个女孩子怎么会瘦得如此形销骨立！除了她的脸蛋还有点圆润之外，她那颀长瘦弱的脖颈、突出的锁骨、纤细的腰肢，使她看起来仿佛一阵风就能吹倒似的，她真的能跳舞吗？跳芭蕾舞可是非常消耗体力的活动，没有健康的体魄和持久的耐力根本不可能完成艰苦训练。

“好吧，你说你学过芭蕾，那你做几个基本舞蹈动作给我看看。”索尼亚说。

赫本愉快地答应了，她静静地站在训练场地中央，眼睛凝望着远方，开始缓缓地伸展双臂……索尼亚看着这个女孩，她有一双神采飞扬的大眼睛、高高的鼻梁、宽阔的双肩，她四肢修长，体形苗条，举手投足都显示出非常好的舞蹈基础，基本功扎实也具有打动人心的美感——她绝对是一个舞蹈家的好苗子！她那舞者独具的身材和芭蕾舞特有的优雅气质，这么完美地结合在一起，无懈可击。

不，索尼亚纠正自己的想法，赫本并不是完美无缺的，是的，她的个子太高了！近一米七的身高，对芭蕾舞女演员来说很少见，加上她的消瘦，视觉上更是拉长了她的身材，如果要和男演员跳双人舞的话，男伴至少要高出她3厘米，这样才能组合出令人愉悦的视觉效果。

赫本察觉到索尼亚老师的犹豫，她急切地告诉索尼亚：“老师，我会跳各种风格的舞，从柴可夫斯基的《睡美人》到巴赫的《意大利交响曲》，还有斯特拉文斯基的重拍音乐，我都能跳！真的，我再跳一段给您看一下好吗？”

索尼亚微微笑了起来，她喜欢上这个一心想学芭蕾的高个子姑娘，她点点头：“好了，我收下你了。”

就这样，赫本又回到了她五年来梦寐以求的学习芭蕾舞的梦想中来，她求知如渴，成了班上最用功的学生之一，战争中断了她宝贵的舞蹈学习时间，她要努力挽回损失，她要成为一名成功的芭蕾舞舞蹈家！赫本把全部的精力都投入了学习中，她刻苦训练的劲头简直是有点惊人，连索尼亚老师都认为她对自己要求太严厉了！但是，赫本并没有觉得自己对自己太苛刻，因为，她曾经那么近地感受过死亡，还有比死亡更残酷的事么？活着是多么美好，生命是多么值得珍惜，时光是多么宝贵，为什么不好好地珍惜眼前的幸福，努力地学习呢？而且，她所接受的加尔文教徒式的教育让她把“勤奋努力”奉为人生准则，基督教的教义又使她具有“只要有一丝希望就不放弃”的信念。

虽然赫本的个人意志是如此坚强，而且她的身体经过系统的学习，腿部肌肉重新有了力量，舞蹈水平又有了提高，但是，最令她无可奈何的，还是那鹤立鸡群般的身高！有时候，赫本看着舞台上个头娇小的芭蕾舞女演员轻盈的身姿，男演员轻松的托举，她甚至会埋怨自己：“我干吗要长得这么高！”

艾拉一直是女儿芭蕾梦坚定的支持者，她为了培养女儿不遗余力。让艾拉高兴的是，大儿子和二儿子都平安地回到了她的身边，尽管一时家里的开支紧张，但艾拉并不因此退缩，她发挥自己厨艺的特长，去帮厨挣钱，赫本学舞蹈的高昂学费从来都准时支付，而且她还省吃俭用地想方法满足女儿对艺术的渴望。

赫本17岁生日的那天，艾拉送给了她一套昂贵的音乐会季票当生日礼物！赫本欣喜若狂，她知道这套季票是多么奢侈，对于经济非常拮据的她们来说，这是一大笔额外的开销，她不知道怎么感谢妈妈才好！可是艾拉面色平静，淡淡地说：“这没什么，要知道你的艺术修养还差得很远，要成为一名出色的芭蕾舞者，你要学的东西还多着呢！”

圣诞节的时候,艾拉又送给赫本一套贝多芬弦乐四重奏音乐会的套票,她相信,她对女儿的精心培养不会让她失望,只要女儿愿意在艺术追求的道路上不放弃,她就会一直支持到底。

但是,索尼亚老师的学校要停办了!因为她对芭蕾舞艺术的现代探索过于“前卫”,她以现代音乐为主题的编舞和演出引起了很大争议,而且又得不到荷兰政府有关部门的支持与赞助,她的学校只好关门了。索尼亚老师准备去法国,或许在法国这个艺术之都,她的创新和艺术才华能有再次施展的机会,她要去碰碰运气!

赫本喜欢索尼亚老师,她想跟老师一起去巴黎。但是艾拉经过深思熟虑,觉得贸然去巴黎,前途未卜、人生地不熟,未必会有一个很顺利的开始,也许去英国继续拜师学艺可能会更好,而且她也有英国护照。

赫本很幸运,经过索尼亚老师的推荐,她顺利地进入了伦敦最知名的玛丽·兰柏女士开设的芭蕾舞学校。1948 年,兰柏已年近六十,作为曾经最知名的芭蕾舞演员的她享誉盛名,作为这所学校的老师,她培养过芭蕾历史上的传奇人物——尼尔斯斯基等。赫本此时已经正式使用了“奥黛丽·赫本”的名字,它既容易被人记住,同时听起来又很让人喜欢。

由于索尼亚老师的推荐,兰柏女士对赫本十分关照,她不仅给赫本到英国做了担保,还提供了她一份奖学金!刚开始到伦敦时艾拉身上已经身无分文,兰柏老师甚至让母女二人先住在自己的房子里,直到她们能够独立生活。这对于刚

刚来到伦敦、囊中羞涩的母女二人来说，简直是雪中送炭！

男爵夫人的头衔早在战争期间就已经是一个虚名了，虽然艾拉出身豪门，也享受过非常富裕的生活，但是她也经受过常人无法想象的磨难。经历了战争洗礼的人都格外能吃苦，艾拉以自己坚强的性格支撑了这个家，养大了三个儿女，所以，伦敦的艰苦生活，艾拉同样乐观面对。她早已习惯做各种杂活，她相信靠自己的双手一定能应付母女两人的生活，女儿是她奋斗下去的最大动力，只要能把女儿培养成才，实现自己年轻时代的梦想，又有什么苦难能打倒她呢？

艾拉在一个花店找了份工作，当了“卖花女郎”，薪水非常微薄，一周只有 10 元。赫本也找了一份在教会值夜班的工作，另外，还零零星星地接些广告模特的合同，挣点钱补贴家用。母女俩在伦敦租了一间小房子，房子小到只能放下睡觉的床，但能有这样一个落脚之处，她们就觉得很高兴了。

白天学习，晚上打工，赫本每天都非常忙碌劳累。但是她一点也不埋怨，在名师指点下学习，她觉得自己离成功越来越近了！练功室的条件很差，低矮、阴冷潮湿，但赫本一点也不叫苦，翩翩起舞的时候，她觉得自己仿佛化身为美丽的天鹅,随着音乐陶醉在幸福之中。她对着镜子一遍遍地重复练习,直到筋疲力尽。玛丽·兰柏的教学方式非常严格,她不能容忍学生的迟钝和怠惰,她的讲解必须一教就会,一听就懂,如果哪位学生的动作稍微做得不合格,有一丝变形,她手上的教鞭就会落在那个学生出错的部位。她的性格有些急躁,如果有学生经过指点还是不能把动作做到完美,她就会大发脾气,严厉训斥!

经过一段时间的学习之后,赫本的舞蹈虽然又有了进步,但是她发现自己的舞蹈技巧还是比不上那些一直在高水平舞蹈学校里学习的女孩,而且,自己那恼人的高个子,也让她失去了获得担任舞剧主角的机会。赫本看似在越来越近地实现她的芭蕾梦,然而,兰柏老师的一番忠告,彻底打破了她的梦想!

兰柏老师很喜爱懂事、训练刻苦、热爱舞蹈的赫本,但是经过一段时间的观察,作为久负盛名的一位舞蹈家和著名教师,兰柏老师理智地发现,这个女孩离一个优秀的舞蹈家还是有一定的差距的,不光是她的身材问题,还有更重要的一些因素。有一天,训练课结束后,她单独叫住赫本,神情严肃、语重心长地告诉赫本:“你有很好的技巧,也可以做个老师,但你绝不会成为首席芭蕾舞星,你缺少成为一个芭蕾舞蹈家所应具备的天才。”

仿佛五雷轰顶,完全没有思想准备的赫本惊呆了!她不能相信她尊敬的兰柏老师会对她做出这样的审判,她就像被钉子钉在原地一般,无法挪动!泪水一下子从她的大眼睛里

练功室的条件很差，低矮、阴冷潮湿，但赫本一点也不叫苦，翩翩起舞的时候，她觉得自己仿佛化身为美丽的天鹅，随着音乐陶醉在幸福之中。

名家名言

人之所以为人，是应该充满精力、能够自我悔改、自我反省、自我成长，而不是抱怨他人。

名家名言

如果你需要一只援助之手，你可以在自己的任何一只手臂下找到；随着年龄的增长，你会发现你有两只手，一只用来帮助自己，另一只用来帮助别人。

滚落下来，如果不能成为一个出色的舞蹈家，只是永远作为群舞队伍里的一员，那她这么多年的努力不是白白浪费了吗？从9岁开始学习芭蕾，已经整整10年了，付出了多少汗水、泪水甚至血水啊！那冒着生命危险的家庭芭蕾舞表演、那双沾着鲜血的木制芭蕾舞鞋……

要把芭蕾作为自己终生奋斗的事业和目标的话，当不成舞台上独舞的主角，就意味着失败。当她在群舞演出中真的发觉自己不能再有更好的未来时，赫本无奈接受了这一沉重的打击，她的芭蕾梦彻底破灭了。

多年以后，在回忆往事时，赫本对儿子西恩提起这段经历，她以平静的口吻说道："我当时的感觉是周围的世界仿佛一片死寂。好像遭受了当头一棒，当你那么多年持之以恒追求的理想破灭之后，唯一的想法就是赶快从这个世界上消失。"

赫本为跳芭蕾付出了如此之多，然而芭蕾也回赠给她一生受用不尽的财富。芭蕾高贵优雅的气质已经深深地渗透在她的血液里、骨子里，这是"赫本风格"中最重要最难以模仿的。这个后来全世界闻名的电影演员，她身上的优雅气质无人能够超越，芭蕾舞对她的塑造是深层次的。

她那深沉、高贵的心灵借助于她优美的姿态呈现于世人面前，她的脊背永远都是挺直的，人们从没有见过那种松松垮垮疲惫的姿态出现在她身上。她的站姿很美，在附身拾起物品时，她的膝盖也绝不会弯曲。她的一位画家朋友曾经说过："她是个天生的舞蹈家，她的一举一动是那么的协调，她的举手投足都是以梦幻的方式,我想象不出还有第二个人可以做到这一点。”她是一个能够把人们心中那种“优雅”感觉具体化的人。

赫本对自己的严格约束与坚强意志除了来自母亲对她的教育,也来自艰苦的芭蕾舞课程训练,她对工作的专注力和忍耐力也得益于芭蕾舞的学习经历。她曾经对别人说过:“我一半是舞蹈家,一半是演员。芭蕾是我学过功课中最耗费精力的,但它使我体力加强,耐力增长。如果没受过芭蕾舞训练,我不可能达到后来的成功。”

阅读思考

① 为了实现芭蕾舞明星的梦想,赫本和艾拉付出了哪些代价?

② 芭蕾梦的破灭,对赫本来说意味着什么?

第十二章　一个会走路的梦

赫本已经成长为一个十八九岁的大姑娘了，芭蕾舞舞蹈家的梦想破灭了，生活还得继续。没人知道赫本是怎样从这个打击中恢复了她往日的笑容，但毕竟生活中总是充满希望的，尤其对于这个经历过苦难的女孩来说。她知道自己现在更要努力工作，积极寻找适合自己的出路。赫本零零星星地做过商业广告模特，比如一些护肤产品和沐浴液的平面广告，当时伦敦上千家药房里都能看到她那清纯的笑容与美妙的身姿。她也出演舞台剧，当群舞演员，后来又学习表演，渐渐的，她从舞台开始走向银幕。

在去伦敦学芭蕾之前，赫本曾经在荷兰国家航空公司拍摄的旅游纪录片里担任过一个空中小姐的角色，用英语和荷兰语向观众讲解荷兰风光景物。那是她第一次接触电影，当时赫本去试镜的时候，她以为在 40 分钟的短片里，她只需要在里面跳跳舞就行了，这可是她非常擅长的。

有两位导演先后见到了她。马丁导演后来一直极力证明,他是第一个发现奥黛丽·赫本的人。

他清楚地记得那天,听到一阵轻轻的敲门声,他随意地说了声:“请进!”

门推开了,一个少女面带着微笑走了进来,她的笑容那么新鲜、开朗和难以置信,马丁一下子就被她那迷人的笑容吸引了!看着眼前这个仿佛从天外不期而至的姑娘吧,她个子高挑,身材苗条,走路轻盈,举止那么有教养,马丁一下子对她产生了莫名的好感,她就是来试镜的奥黛丽·赫本。

赫本向马丁导演说明来意,然后介绍自己的情况:“我的特长是跳芭蕾舞,我跳了差不多10年了,不知道您拍的片子里是不是有我适合的角色?”

马丁上下打量了她一番,笑眯眯地说:“小姐,我可不拍音乐片,也不拍歌舞片,我们要拍个宣传片,我们的国家需要振兴旅游业——你除了会跳舞,还会什么,学过舞台表演吗?”

赫本不好意思地抿嘴笑了,她说:“对不起,导演,我只是在舞台上演出过,也当过平面模特,但还从来没拍过电影呢。不过,我的妈妈倒是非常希望我将来能当一个电影明星。”她明亮的大眼睛里闪烁着真诚、纯洁的光芒,就像里面有个小太阳一般,尽管导演这么说,她却一点都没有流露出遗憾或者沮丧的神情,还是那么愉快开朗。

马丁导演被她清新愉快的笑容打动了,他抽了一口雪茄,想了想,慢慢地说:“不过,我需要的演员里有一个是会说两种语言的一个空姐，你会说英语吗？”

赫本眼睛一亮，高兴地说：“当然，我在英国生活过，我的父亲就是英国人。另外，我还会说点法语。”

马丁满意地点点头：“好，明天你来拍片吧，你演这个会讲两种语言的空姐。”

赫本惊讶地睁大眼睛：“真的？”导演竟然同意用她了！

但她转念一想，又开始担忧：“可是，我不是演员啊！我没拍过电影，也没当过空姐，您会失望的。”

马丁导演看她认真发愁的样子，不禁笑了：“别担心，小姐，这只是个40分钟的宣传片，不需要你有多少演技。好了，我去拿一份合同，你稍等一下。”

马丁导演出去了。赫本安静地坐在椅子上等着。

这时，林登导演敲门找马丁，他看见赫本一个人坐着，就问她来做什么。赫本大大方方地微笑着回答她来试镜，看看有没有适合她的角色。林登和她攀谈起来，赫本像个快乐的小鸟一样不停地聊她的芭蕾舞训练。赫本见到陌生人其实并不爱说话，但是一聊起芭蕾，就完全变了一个人，她兴致勃勃地还做了几个舞蹈动作给他看。

林登一出门，便兴奋地打电话给助手：“快来！你见过一个会走路的梦吗？我看见了！”这个“会走路的梦”的评价真是神来之笔，把刚刚成年的赫本形容得十分神似。她那么轻盈苗条，清新如同一束洁白的百合花，似乎不沾染一点俗世的微尘，举手投足都有一种自然的优雅美感。是啊，会走路的梦，不就是她这样的姑娘吗？

第一次接触电影给赫本留下了轻松愉快的印象，她第一次体会到了拍电影的激动和乐趣，只是她自己当时不会想到，将来她会和银幕打一辈子交道呢。

阅读思考

① 赫本为什么会被人称为“会走路的梦”？

② 导演为什么会同意让赫本演纪录片？

第十三章　拍摄《秘密的人》一波三折的故事

当赫本接受了自己不能成为一名出色的舞蹈家的评价之后,她对新工作的选择,自然转向了当一名电影演员。为了使自己在表演上更专业,她拜了菲利克斯·艾默为师,他是一位有着绅士派头的老演员,曾经在电影《哈姆雷特》中和著名的英国电影明星劳伦斯·奥利弗合作过。赫本在艾默先生门下学习受益匪浅,她学会了用精确的英语发音,在舞台上应该有什么样的肢体语言,而且如何学习在台上保持静默的同时,还能让观众不忽视你,让他们注意到你的不同,让他们的视线始终无法离开你。

即使在平日的舞台剧出演群舞演员时,赫本也会把艾默先生教给她的表演技巧运用进去,她把每一次舞台演出都当成锻炼自己的好机会,所以,她表演时,无论是什么角色,都始终保持着热情,眼睛里闪烁着愉快的光芒,脸上带着甜蜜的笑容,那发自内心的欢乐和喜悦总会给观众留下深刻的印象。

电影导演索罗德·迪肯逊就因为看过她的演出,而决定选用赫本做他电影《秘密的人》中的舞蹈演员娜拉的扮演者。这次演电影,和赫本第一次演宣传片的经历完全不同了。演出娜拉这个次要角色,对她来说真是一波三折,充满坎坷。

赫本个头太高,和剧中姐姐的扮演者形象不协调,扮演姐姐角色的女孩个子比较矮小,姐妹之间形象差距太大,让迪肯逊导演有点拿不准了,他考虑要不要换一个个子矮点的舞蹈演员。凑巧的是,这部影片的舞蹈动作设计安德丽·霍华女士是玛丽·兰柏老师从前的同事,她非常了解赫本对表演的喜爱,也愿意帮帮这个认真刻苦、让人喜爱的女孩。她找到导演,竭力说服他:"你相信赫本,她有明星的潜质,请相信我的眼光,你启用她一定不会后悔的。"

更巧的是,剧中扮演姐姐的演员因为其他原因不能参加这部戏的演出了,导演于是找了个身材较高的女孩来顶替,于是,赫本扮演妹妹最大的身高问题就解决了!

经过了试戏和排演,1950 年 3 月 19 日,影片正式拍摄,可是,一个不太好的消息传来,贝德福剧院被包了出去,剧组只有两天时间,要把整部电影中所有的芭蕾舞部分全部拍完!

赫本和舞蹈家约翰·菲尔德的双人舞已经在贝福德剧院排练过多次了,2 月的天气极其阴冷,赫本上身穿了三件毛衣,但是腿上不能穿厚裤子啊,所以她的腿上生了冻疮,但是排练期间,她仍然只能穿着薄薄的舞衣,忍受着寒冷和身体的疼痛,一遍遍地刻苦练习。

现在,电影正式开拍,只有两天完成舞蹈部分的拍摄,能不能完成任务,就看演员们的表现了!

"不行,不行,刚才你们的配合有问题,再来一遍!"导演皱着眉喊道。

"刚才的拍摄没达到要求! 重来!"导演气冲冲地指着摄像师说。

"开拍!"

……

舞蹈设计有好几场,拍的时候,不是这里出问题,就是那里有毛病,意外的状况总是不断,而且,一场舞只要有一个地方出了问题,就得全部重新来一遍。赫本只穿着薄如蝉翼的芭蕾舞裙,在冷得让人发抖的戏院舞台上,不停地跳着,累不说,还必须时刻保持着舞者的优雅和从容。

摄像机不停地拍着,只有两天时间,导演迪肯逊急得像热锅上的蚂蚁! 祸不单行,他偏偏还患了重感冒,鼻塞、流涕、咳嗽,他应该去医院看病,或者躺下休息,可是拍摄任务逼着他带病也得把这些戏拍完! 他裹着厚厚的棉衣和围巾,怒气冲冲地指挥着场记、摄像,训斥着演员,阴雨绵绵、又湿又冷的天气让导演的坏脾气更加厉害,整个拍摄现场感觉很压抑。而且,好像感冒也会传染,片场没人说话,但时不时传来咳嗽、打喷嚏的声音。

第二天一大早,所有的工作人员又都准时来到了戏院,准备投入下一阶段的拍摄任务。导演迪肯逊一进戏院,就大发雷霆:"昨天拍的片子全部不合格! 不合格! 今天重新给我拍一遍!”他的病情比头天更重了,心情也更加急躁,所以脾气简直就像是点着了的火药桶,随时随地会怒火冲天。

他坐在舞台下面,眼睛盯着演员,只要一出差错,就大声呵斥:“重来!不行,重来!难道你不会演戏吗?”

赫本咬着嘴唇一声不吭,她第一次体会到当演员的辛苦,原来银幕上闪耀亮丽的形象背后,也必须要付出血汗!当一名好演员,一点儿也不比跳舞轻松啊!但她从小就是一个坚强、具有忍耐力的孩子,刻苦的芭蕾舞训练让她磨炼出了良好的体力和顽强的意志力,在大家都神情沮丧疲劳不堪的时候,她在舞台上仍然面带微笑,只要导演一声“开始!”她立刻神采飞扬,从头到尾不松懈,一丝不苟地完成编排好的舞蹈动作。安德丽·霍华女士在台下看着赫本坚定的眼神和美丽的笑脸,眼眶有些湿润了。她知道赫本不会令她失望的!

从早上一直拍,拍到下午,又到午夜十二点,高强度的工作任务让所有的工作人员都快要到了崩溃的边缘,终于传来了导演满意的、鼻音浓重的一声:“Ok,行了!”大家都累得一屁股坐在戏院冰冷的座椅上,动弹不得。

非演员出身的赫本深知自己资历不足,她不知道哪一天导演就会因为对她的表演不满意,一气之下会把她解雇,所以每天她早早来到摄影场,心里总是有些忐忑不安。一次,剧本要求她表达出悲伤的感觉,可是她的表演总是让迪肯逊不满意,重拍了几次不过关后,导演皱起眉头说:“停停停!奥黛丽,你先别拍了,到那边角落里,好好想想!酝酿好了再拍!”

赫本穿着薄薄的戏服,在墙角一个人面对着墙壁待着,她闭上眼睛，不知怎的，这样的阴雨湿冷天气，冻得刺骨的疼痛，让她忽然回到了 5 年前，她一个人在战火纷飞的时候，绝望地躲在地下室里的情景。

当她再次回到摄像机前的时候，迪肯逊导演被赫本的表情惊呆了。这个年轻的女孩脸上写满了深深的悲伤和绝望，她面色苍白、眼睛里流露着巨大的痛苦，泪水从她的眼睛里一滴滴滑落……那些台词仿佛是她从内心里奔涌而出的，带着沉重的悲伤气息。导演和现场的工作人员都被赫本的悲伤感染了，他们静静地站在那里，好像被一只看不见的手抓住了，动弹不得。

没有专业学过表演的赫本凭着自己对艺术的直觉和感悟，抓住了表演的本质。她努力揣摩角色的性格，将自己投入角色当中，那时候的她完全忘却了自己，和角色合二为一，表演就已经不是表演，一切就变得自然完美了。

她终于以自己的勤奋坚强、聪慧毅力和艺术领悟力胜任了此片的出演。

阅读思考

① 电影演员是一个很轻松的职业吗？

② 赫本在艰难的电影拍摄过程中表现出什么样的性格气质？

第十四章　你会后悔用我的

21岁的赫本下定决心，要把电影作为自己为之努力奋斗的职业了。在水银灯下表演，和她在舞台上跳舞时的感觉非常接近，而且，拍电影让她感受到了很多乐趣，一个大大的世界开始在她面前拉开帷幕，她被里面的风景迷住了。

1951年，赫本跟随摄制组来到法国，拍摄《我们去蒙特卡罗》的电影。那个时候，母亲艾拉也跟着女儿来到了蒙特卡罗，自从女儿开始在电影中担任重要角色之后，艾拉就辞去了工作，专心陪伴在女儿身边，帮助她打点生活琐事。

一天，摄制组正在巴黎饭店拍戏，大厅里进来了几个人。最惹人注目的，是中间那位坐在轮椅上的年纪比较大的女士，一位高大的年轻男子恭恭敬敬地推着她的轮椅。这位女士一头红色的卷发，虽然上了年纪，但脸上画着精致得当的妆容。她的长相不但说不上好看,甚至有点丑,可是她那股深藏不露的知识分子的傲气却让在场的人有些敬畏。“这是谁啊?”剧组的工作人员和一旁休息的演员们都发现了这位不速之客,他们交头接耳,对这位老妇人的身份产生了好奇。

罗伯特导演认出了这位坐在轮椅上的老妇人,正是法国著名记者兼作家——科莱特女士,他立刻走上前,伸出双手:“尊敬的夫人,欢迎您的光临!真是贵客临门呀,您怎么到这里来了?”

科莱特女士笑着说:“我的大导演,别这么虚张声势的,我能不能就在旁边看看你拍电影啊?我正四处为我的新剧挑演员呢,听说你的演员很出色,想来看看有没有适合我的。不打扰您吧?”她声音不大,说话彬彬有礼。

“哪里哪里,您能欣赏我的演员,那可是我最自豪的事啊!您请吧!”

导演马上要助手送来热咖啡,并安顿好科莱特女士的随行人员。现场的灯光非常明亮刺眼,科莱特女士把手放在额头上,挡住一点光线,好让自己能够看得更清楚些。

片场正好在拍赫本的一场戏,科莱特女士的注意力很快就被水银灯下那个苗条、美丽、可爱的女孩吸引了。作为一个作家,科莱特的观察力是非常深刻精准的,她很快便发现,这个年轻的女孩身上有一种特别的气质,她就像一块未经雕琢的璞玉,那么质朴又清新,但她眼睛里的神采光芒和活泼优雅的举止,让她看起来充满了朝气和魅力,这是个具有潜力的女演员。

科莱特女士抑制不住内心的欣喜,她低声对身边的随行人员说:“快看!这个女孩就是我要的吉吉!她太有魅力了!你不觉得,她就像一头小马驹一样稚嫩而充满活力吗?她一半看起来像个男孩,一半又非常女性化,她还没有定型,她对自己的女性特质还不自知呢,感谢上帝!这是个多么完美的处女啊!”

艾拉早已注意到这位看起来气质不俗的女士,她一直关注着科莱特女士的一举一动。当听说这位残疾的女士竟然是一位著名作家的时候,艾拉不由得心生敬佩。后来她发现科莱特兴奋地对正在拍摄的奥黛丽指指点点,这位女士似乎对女儿发生了浓厚的兴趣,不知何故?她鼓起勇气走上前去,和科莱特女士攀谈起来。

“她是您的女儿?”科莱特女士认真地打量着艾拉。

“对,她是奥黛丽,我的小女儿。她呀,小时候一心一意想跳芭蕾舞,跟着不少名师学习过,非常能吃苦,参加过多次芭蕾舞演出。不过,她也向菲利克斯·艾默学习过表演,这是她拍的第三部电影了,导演还挺欣赏她的……”艾拉一提起女儿,就忍不住地自豪地夸奖起来。

“是啊,夫人,依我看,您的女儿具备电影明星的潜质!如果您不介意的话,我想请她在歌舞剧《金粉世界》里演女主角吉吉,这出歌舞剧是根据我的小说《吉吉》改编的,要在美国百老汇演出。女主角是决定一出剧是否成功最重要的因素,我要亲自挑选吉吉这个角色的扮演者。不知您是否有意?”

艾拉听了这个好消息,内心早已是欣喜若狂,但是她贵族出身的教养和坎坷丰富的人生阅历让她没有喜形于色,她礼貌地说:“非常感谢您的邀约！愿不愿意出演,我还得去问问奥黛丽。不过,冒昧地请教您,《金粉世界》是一个什么样的故事,适合奥黛丽吗?”

科莱特告诉艾拉,《吉吉》讲的是巴黎一个年轻纯洁的漂亮姑娘——吉吉——在祖母和姑母的抚养下长大,但是她们的真实身份是高级妓女,虽然吉吉是在上流社会的礼仪规矩下被教养长大的,但是她的监护人的真实目的,就是要在她成熟时,把她当做商品一样嫁给品行不端的富家公子哥,好攀高枝。得知真相的吉吉坚决不从,她要追求的是属于自己的美好爱情。

艾拉同意把科莱特的邀请转达给女儿,并约定第二天去拜访科莱特女士,再进一步商量演出事宜。

可是,第二天科莱特女士等来的,却是赫本的委婉拒绝。

“为什么?”科莱特女士很惊讶,她有点不相信自己的耳朵。有多少女孩子,都朝思暮想能在纽约百老汇的舞台上演出,那可是赫赫有名的百老汇啊,它可以让你一夜成名！可是,眼前这个幸运的女孩,她竟然拒绝了！

“夫人,我只是在一些舞台剧里扮演过无足轻重的小角色,而且多以跳舞为主。我还没学习过演话剧呢,这么重要的角色,我觉得自己不可能演的！”赫本真诚地对科莱特女士说,没有半点虚与委蛇。

“你对自己没信心?”科莱特女士问,她眯起眼睛饶有趣味地看着赫本。

“是的,夫人,我非常感谢您,但我觉得自己真的不行,您会后悔用我的。”

科莱特看到赫本一脸坚定,神情严肃高贵,那表情仿佛就是她笔下的吉吉,在向她的祖母和姑母抗议,拒绝嫁给那个富家子弟时候的样子!真的太神似,太好了!科莱特原本还有点担心,现在反而一下子认定了,不管赫本现在有没有信心,她一定要想办法说服她出演,还有比她更合适的人选吗?吉吉这个角色非赫本莫属!

科莱特女士转而和艾拉商量此事,希望她能说服赫本。艾拉知道这个机会太难得了,一方面是剧作本身非常精彩,另一方面她认为女儿也很适合出演这个角色。艾拉平日很少当面夸奖和赞扬女儿,她总是不断提醒奥黛丽,让她不要为事业上小小的进步而骄傲,她根本没有什么过人的才华,只是靠她的刻苦和努力才有了现在罢了。但是这次,艾拉很认真地与女儿长谈了一次,也给了赫本许多鼓励,赫本终于鼓起了勇气答应出演吉吉。

但最终拍板还要经过两个重要人物的首肯,一个是美国演出经纪人、百老汇大亨吉尔伯特·米勒,一个是编剧安妮塔·露西。

米勒是个大企业家、大商人,《金粉世界》的制片人。他见过很多演艺界的俊男靓女,再漂亮的电影明星他都见怪不怪。但是赫本出现在他面前的时候,他还是吃惊不小。赫本完全不似其他女演员那样浓妆艳抹，相反，她的装束非常随意朴素，俨然一个不谙世事的清纯女学生，她上身穿着一件普通样式的白衬衫，衬衫下摆自然地束在黑色的长裙里，头发又黑又直，长长地垂到了腰际。她就那样面带微笑、轻盈地走进了米勒豪华的办公室，但是，她的出现，竟让米勒感觉，他装饰无比奢华的大房间黯然失色，所有的光环都围绕在了这个年轻女孩的身上，那白色的衬衫一尘不染，恰似一个不食人间烟火的小仙女突然降临在他眼前。米勒从来没见过能把一件男式白衬衫穿得如此不俗的女孩，她身上有种令他陌生的美感，他觉得只能用“炫目”一词来形容自己当时的感觉！

当赫本找到安妮塔住的大饭店时，安妮塔正在会见自己的好友——好莱坞电影明星波利特。两位好友正在有说有笑时，赫本敲门走了进去。一见到这个女孩，安妮塔和波利特就有些惊讶地对望了一眼，笑容收敛了，她们认真地打量着赫本，表情甚至有点严肃。

赫本有点不知所措，她不知道自己哪里看起来不对。

“你就是奥黛丽·赫本？”安妮塔的眼睛透过镜片，有些犀利地看着她。

赫本看到问话的这位女士头发和衣着都是那么整齐讲究，戴着眼镜，猜出她就是安妮塔。而旁边那位漂亮的女演员，不就是好莱坞的电影明星波利特吗？她的心激动地怦怦直跳，天呀，她见到了这么著名的两位女士！

“是的，夫人。科莱特女士让我来拜访您，我……”在两位大名鼎鼎的女士面前,赫本性格中腼腆和害羞的一面显露出来,她紧张不安,纤长的手指抓住裙边,不知下边自己要说什么。

“哦,知道了,你就是那个要演吉吉的女孩?”波利特是个热情开朗的女演员,她笑着自我介绍:“我是波利特,别紧张,以后我们可能就是同行啦!”

为缓解赫本的羞涩紧张,安妮塔温和地让她坐下,请她一起喝茶聊天。

“你喜欢喝茶吗?”安妮塔一边给赫本倒茶一边问。

“喜欢,我觉得吃奶酪的时候配英国红茶最好。”赫本很诚实地回答。

“听说你以前学过芭蕾?我还很少见到像你这么高的女孩跳芭蕾的。”波利特直爽地说。

一提到芭蕾舞,赫本的神色就逐渐恢复了自然,她开始愉快地讲述自己从小学芭蕾的经历,因为个子高而导致没有舞伴的苦恼,以及放弃芭蕾去从事其他工作的无奈。即使在讲自己的经历时,赫本也并没有滔滔不绝,而是显得非常适度而有节制。她本身不是个特别健谈的人,讲话从来是很简洁直接的。

说起心爱的芭蕾舞,赫本的眼睛里又有了小太阳一样的神采,她闪烁明亮的大眼睛、甜蜜的微笑、活泼又不失端庄的仪态和干干净净的模样,让安妮塔和波利特为之喜爱和倾倒,她身上那毫不矫揉造作的真诚打动了她们。

她们会心地交换了一下满意的眼神——这个女孩,将来一定会成为演艺界最亮的一颗星星！送走她后，波利特刚把门关上，就抑制不住疑惑地冲安妮塔说："不可思议！这个天才少女，怎么默默无闻到21岁才被发现？她应该在5岁就被发掘了！科莱特的确是慧眼识珠！"

安妮塔调侃好友，说："你就不担心，将来这个赫本的名气会超过你？"

"没错，她的美貌和气质真让人嫉妒！可奇怪的是，我为什么会那么喜欢她呢？"波利特笑着摇摇头。

赫本一出饭店的大门，就抑制不住内心的喜悦，拎着裙角像一头小鹿一样欢快地小跑起来，她要快点回去，告诉艾拉，今天她的会面实在进展得太顺利啦！而且，她刚刚和两位、有身份有地位的成功女性聊天喝茶，愉快地交谈过——她们是多么优雅有教养啊，我也要成为她们中的一员！

果然就像科莱特、安妮塔和波利特直觉的那样，赫本经过一段时间的排演和训练之后，成功地登上了纽约百老汇的舞台，而且，她的首演就获得了巨大成功！她的演出征服了所有美国挑剔的观众，她就像一阵从英国吹来的清风，让美国观众如痴如醉。

首演第二天，报纸便刊出了对演出的评价，一位很有影响的评论家写道："令人愉快的赫本小姐显然是一位缺乏经验的演员，然而她的气质如此可爱、如此健康，她成为这台演出最成功的人。奥黛丽·赫本小姐成功地塑造了一个正直、单纯、顽皮、机敏的姑娘形象，她将自己清新而活泼的气质赋予了这个角色。倘若换另一个人,且以不同的方式演,那这个角色很可能不会像现在这样令人愉快。赫本小姐的演技像一股清风。”

阅读思考

① 赫本为什么要拒绝科莱特女士?

② 赫本为什么这么快就得到这些著名人士的认可?

第十五章 好运双双而至

奥黛丽·赫本电影事业的辉煌,是从《罗马假日》开始的,这是她的成名作和代表作,在其一生中有着特殊的意义。她成为国际著名影星受到全世界影迷的喜爱,也正是从《罗马假日》开始。

这是个双双而至的机遇。就在赫本被选为《金粉世界》的女主角时,在伦敦,挑选电影《罗马假日》中安妮公主的演员的工作正在紧锣密鼓地进行着。导演是好莱坞著名的威廉·怀勒。一开始,导演已经想好要邀请名演员琼·茜蒙斯主演,可是琼却不愿意出演,她更想试试歌舞片。谁来演安妮公主呢?导演威廉·怀勒想了很久,把好莱坞的著名影星一一想了一遍,可惜,总觉得离安妮公主的形象有点远。

这个女主角,最好是一个新人,没有什么知名度,但是,她一定是像一个真正的公主一样高贵美丽的!既然没有现成人选,干脆,就用《乱世佳人》公开招聘女主角郝思嘉的扮演者的办法来挑演员吧,说不定能海选出一个最合适的呢。这样做固然像大海捞针,但是对一部电影的成功来说却是值得的。

投资该部影片的美国电影业巨头之一的派拉蒙公司不惜花费大力气海选女主角,他们四处打听伦敦、纽约、好莱坞有哪些刚刚崭露头角的女演员,然后邀请她们来试镜。听说这部电影的男主角是由当时最红的男演员格里高利·派克出演的时候,很多女孩都非常渴望能够参加演出,派拉蒙公司门庭若市,自告奋勇来试镜的不乏其人。

艾拉接到了派拉蒙公司英国办事处的电话,他们诚挚地邀请赫本能去参加女主角的面试。艾拉知道奥黛丽最近刚决定出演《金粉世界》里的吉吉,她正为这个任务有些心情焦虑呢。另外这段时间,奥黛丽正在热恋中,男朋友詹姆斯·汉森非常爱奥黛丽,这个 29 岁的英国小伙子一心要娶她,她的心思早都被这些事塞得满满的了,还能腾出精力来去参加选拔吗?

“奥黛丽,我觉得你应该去试试。”吃完晚饭,艾拉对坐在餐桌边的女儿平静地说。

“应该?妈妈,您觉得我什么都应该,可是,我真的对这个电影没什么兴趣。”奥黛丽把餐巾布从膝盖上取下来,情绪不高。

“去试试,又不一定就是你,只是去试镜而已。”

“妈妈,您不知道我现在的压力有多大!再说,米勒先生不是说了吗,他不希望我接了吉吉的角色还去考虑其他的戏。”

“奥黛丽,你不是一个娇生惯养长大的孩子,你这么说,不是怕累,而是你根本没有上进心!”

“我没有上进心?”

“你不要满脑子都想着谈恋爱、早点结婚。詹姆斯·汉森将来很难和你走到一起,你相信我。我不是说他人品不好,他人倒是很诚实可靠,家境也富裕,是个不错的丈夫人选。只是你好好想想,他离不开他的家族卡车制造业吧,他也喜欢狩猎骑射,喜欢住在乡下的城堡里。而你拍电影可要经常满世界跑,不可能长期待在家里做个家庭主妇。”

“可是,汉森爱我,他给了我安全感,我不能离开他。”

“那么,你的事业呢,就这样止步了吗?你才21岁,难道你不想有更大发展吗?你愿意当一个独立女性为事业奋斗,还是愿意现在就陪着汉森过小日子?”

“当然……我很喜欢演电影,可是早晚有一天我也要成家的呀。”

“将来你会成家的,可你现在事业刚开始,如果马上结婚生孩子,你就没有时间去继续发展了。趁着现在年轻,你要抓住机会,有机会就要争取,否则,这些年你吃的苦就白费了。”

“好吧,妈妈,您别说了,我去试镜就是了。可是,人家选不选我,可不由得我。”赫本在倔强的妈妈面前只有投降的份。

奥黛丽不愿意惹妈妈生气,她想,就去敷衍一下吧,免得妈妈总是唠叨。她早就知道自己拗不过妈妈的犟脾气,再说,那么多演员试镜都没被大导演看上,自己也就是去见识一下,选不上也没什么损失。

威廉·怀勒是个非常认真的导演,他觉得单是试镜也许并不能准确发现一个新人的潜质,他要求每个来试镜的女孩都让他亲自见见。与威廉·怀特导演见面不到五分钟,赫本的聪明、机灵、与生俱来的天分便给他留下了深刻印象,很快他就打发赫本离开了。怀特导演认定,这个具有镇定气质和坚定信念的女孩,就是安妮公主的最佳人选！他马上建议派拉蒙公司和这个年轻的姑娘签约,甚至连试镜都可以免了。

与怀特导演不到五分钟就结束了会面,连话都没说上几句,在赫本看来导演是对自己不满意了。不过因为早有思想准备,所以她对这个结果并不懊丧,反而内心有点窃喜,很快就去忙话剧《金粉世界》了,把参加海选的事忘得一干二净。艾拉觉得很遗憾,想想看吧,导演、男演员、制作公司,都是世界一流的,这个机会失去了,赫本还不知何时才能出人头地呢!

派拉蒙公司还是有些顾虑,这么重要的一部影片,选用一个新人担纲,还是需要先试镜才好定夺。万一银幕效果并非现实生活中看起来那么好呢？由于怀勒导演要先去罗马做拍摄前的准备工作,试镜就由导演狄金森来做,怀勒还特意交代了试镜的方式。

当赫本被通知去试镜的时候,她一时没反应过来。

“导演不是没看中我吗？怎么又让我去试镜?”她觉得有点莫名其妙。

狄金森导演很和气，他把赫本带到了一间大房子里，告诉她，现在要换上一套睡衣，假想自己是一个公主，在床上做一组起床、仰卧起坐的动作。可以先尝试着做一遍，觉得可以了再试镜。

赫本躺在铺着洁白的带蕾丝花边床罩的大床上，觉得这张大床真是柔软舒适啊！她慵懒地起身，大大地伸了个懒腰，把披散的头发自然地往脑后捋了捋，脸上露出了愉悦的笑容，然后轻快地伸开手臂，高举向上，腰肢轻盈地弯曲，轻松自然地做了几个仰卧起坐，手指尖轻松地触到脚趾——对多年跳芭蕾的赫本来说，这几个动作实在太简单了，她自己有时也会在床上做，锻炼腰腹力量和柔韧性。做完之后，她就转头看着狄金森导演，看他有什么吩咐。

她其实并不知道，怀勒导演事先已经交代好，为了避免新演员有压力，不能在镜头前自然展示她们的性格魅力，这间屋子里早有一台摄像机已经在悄悄地工作了，把她一系列的动作和表情都拍了下来。

导演微笑着说："好了，还有点时间，不如我们聊聊吧。"

赫本端庄地坐在导演对面的椅子上，仰着脸等导演发问。

"你喜欢拍电影吗？"狄金森点燃一支烟，问她。

"我还没怎么正经拍过电影，演过的角色都是配角。"赫本有些羞涩："怎么说呢，其实之前我完全没有想过要做一个电影演员，我的理想是当一名舞蹈家。我学了很多年芭蕾舞，就是在"二战"期间，也从来没有中断过……"奥黛丽诚恳地谈起了自己的经历。

狄金森导演看到,赫本明亮的双眸闪烁着真诚的光芒,脸上毫无献媚和卖弄风情的神色——这可是很多试镜的女演员会犯的愚蠢错误,她们以为,性感妩媚、诱惑导演会对选角有利。赫本沉稳端庄的风度让狄金森导演非常满意,而且赫本的五官轮廓清晰、有立体感,有十足的欧洲贵族味,更让人印象深刻的,她说话节奏慢而且声音不高,显得非常有教养。

赫本身上散发出一种清纯如百合的气息,又混合着年轻姑娘所特有的活力,她的一颦一笑都牵动着大家的视线,现场气氛令人愉快。狄金森导演不禁暗自赞许怀勒导演的独特眼光,这的确是个非常具有明星潜质的女孩,她脸上表情非常丰富、情感细腻、姿态优雅,不同于一般出身的普通姑娘。

他说:"当一名好莱坞影星可比当舞蹈家更容易让你闻名全世界。"

"我并不想闻名世界,也许我更愿意过一种普通生活。"

"为什么?"

"在人多的场合我会很紧张,我也不擅言辞,妈妈总是说我说话无趣。我更喜欢和小动物待在一起。"

"你为什么更喜欢动物?"

"您养狗吗?我觉得小动物和人在一起的时候,它们会那么信任你、依赖你,把一切都交给你,它的眼神就足以让你心疼它……"

赫本正说着,眼睛无意中瞟到墙角那台蒙着一块厚厚黑布的摄像机,那台机器灯是亮着的!它正在悄悄拍摄,镜头正对着自己的脸!

她一下子僵硬了,这么说,刚才自己在床上的一系列动作,和导演的对话,都被摄像机原原本本拍下来了,哎呀,自己有没有说错什么?

狄金森导演知道她发现了他们在偷拍,赶忙安慰她:"别紧张,你做得很好。请原谅,就是因为怕演员紧张才这样试镜的。好了,今天就到这吧。"

这段试镜的胶片很快送到了怀勒导演的手里,他看了非常满意。

"我早就说过,这个女孩就是公主最适合的人选!看着吧,《罗马假日》一定能大获成功,这个清纯高贵、独一无二的女孩会让全世界大吃一惊的!"

派拉蒙公司看过胶片后也完全同意怀勒导演的判断,他们发紧急电报给伦敦的制片总监:"启用这个新人。试镜结果是好莱坞、纽约或伦敦最好的一次。"

就这样,赫本的好运双双而至,派拉蒙公司也和她签下了演出合同。不过,他们担心奥黛丽·赫本的姓氏会和当时好莱坞大明星凯瑟琳·赫本重名,想让她改一个艺名。赫本没想到公司会提出这个要求,她认为自己的出身是值得骄傲的,她已经失去了父亲,如果改了姓氏,那么她就和父亲真的永远没有一丁半点的关系了。"宁可不签这个合同,我也不会改姓氏的。"她非常坚决,没有任何回旋余地。艾拉对此保持沉默,她尊重女儿的选择,公司也就没再强行要求了。

《金粉世界》的导演米勒得知赫本要演安妮公主这个

消息着急了，他赶紧和派拉蒙公司达成协议，赫本先演《金粉世界》，再去拍《罗马假日》，否则他们的一番辛苦就要泡汤了！

阅读思考

① 赫本因为什么而被《罗马假日》剧组看中？

② 为何她会“无心插柳柳成荫”？

第十六章　与派克建立了终生友谊

一演完《金粉世界》，赫本就马不停蹄地赶往罗马。派拉蒙公司在罗马的“精益求精”旅馆召开了她与格里高利·派克的招待会。虽然奥黛丽·赫本刚刚主演的《金粉世界》在纽约百老汇大放异彩，但她仍然觉得自己和格里高利·派克相比就是小巫见大巫，格里高利·派克是她也是全世界女性心中的偶像，她不过就是一个他的崇拜者！

招待会上，赫本第一次和他见面，就被格里高利·派克温文尔雅的绅士风度征服了。当时，派克刚刚过完36岁的生日，他高大英俊、身材挺拔、成熟儒雅，对人非常温和亲切，一点没有大明星的架子。当他望着赫本微笑着并和她握手问候的时候，赫本完全就像一个忠实的影迷见到了自己崇拜的偶像一样，激动得一句话也说不出来了！

格里高利·派克初见奥黛丽·赫本，就对她产生了浓浓的好感。这个女孩，与他所见到的所有好莱坞女演员都不一样，她腼腆的微笑、纯洁的面容、有点男孩子气的浓眉、明亮的双眸、瘦得令人心疼的纤细身材，非常礼貌谦逊的态度，良好的教养和高雅的气质，仿佛一朵刚出清水的芙蓉，天然去雕饰，毫不矫揉造作，让人发自内心地想爱护她、帮助她。

派克一直被公认为好莱坞的绅士，他的善良宽容、友好体贴、乐于助人让赫本感受到了如同父兄一样的关怀，很快他们就合作得非常愉快了。赫本性格中始终有一种自卑情绪无法消除，这或许来自她童年无父的经历，或者是母亲少赞扬、多严格批评教育造成的后果，也许是她对自己的身材容貌不自信，也可能来自她原本内向、敏感的性格，也许是非专业演员的出身……总之，在拍摄《罗马假日》的时候，赫本一开始觉得自己根本不是公主，不知道怎么去演好这个角色。

导演怀勒是个对电影质量要求极高的人，他希望慢慢打磨这部片子，慢工出细活，把《罗马假日》这部电影打造成一部经典之作，所以，他非常苛刻地要求演员必须达到最佳表演状态，如有一点瑕疵都要重来。怀勒导演对赫本不像对其他演员那么严厉，他从内心里喜欢她，这个女孩虽然缺乏演技，但她的气质和潜力完全胜任安妮公主的角色，仅此就已经很可贵了。他告诉赫本，要“迎合内心的感觉而不是做戏”，这是他给她上的第一课。这一点，赫本一直牢牢记在心里。

但赫本还是感到压力巨大，导演没有苛求她，但她自己对自己十分不满。派克完全理解一个新人与大制作公司合作拍摄影片的压力，也明白赫本的焦虑。他相信，年轻的赫本前途远大，她非常聪明，犹如一块未经雕琢的璞玉，只要假以时日，她一定能在好莱坞大放异彩。他愿意帮助她。

“奥黛丽，你不要紧张，放松、再放松。你要忘记镜头，忘记你在演戏。”

“可是，我不是公主，我不知道公主是怎么走路的、公主是怎么说话的……”

“你就是安妮公主！公主就应该是你这个样子，只要你在镜头面前放松，以愉快的心态面对它，就够了。”

“我没有自信……”

“奥黛丽，你不知道你自己有多好，或许王室的公主都没有你这么完美的形象和气质。忘记你是在扮演她，你认为你自己是公主就行了。”

派克的鼓励让赫本鼓起了勇气，看着派克诚恳的眼睛及和蔼的笑容，她心中充满了感激，她对自己遇见这么好的一个搭档而感到快乐。每次拍戏前，派克都会像个老师和兄长一样，不厌其烦地跟她对戏，将自己的经验毫无保留地告诉她。

赫本不负众望，她聪明、机敏，学习能力非常强，她很快就融入了剧情，她渐渐觉得，自己就是那个从繁缛礼节中逃出来玩耍的公主，对她来说一切都那么新鲜好奇，而派克就是那个小报的记者，他们就是这样在罗马认识的。

罗马那年的夏天非常炎热，但演员在镜头前还要装出很清凉的样子。罗马广场上到处是游人，还要时刻清场注意保持镜头的空旷。拍片现场总是围着热情的观众,对演员的表演指手画脚地评论……这一切都给拍摄带来了困难。摄制组的工作人员都觉得有些烦躁,但是赫本从不抱怨什么,她总是轻言慢语,真诚地关心周围每个人,在辛苦的工作环境里,她表现得一点也不娇气。

随着拍摄的进展,赫本优秀的人品让派克更加认定,她是值得自己帮助和爱护的一个人。这部电影的合作奠定了他们终生的友谊,在46年后,当他回忆这个当年的"安妮公主"时,深情地说道:"奥黛丽绝对是个好心肠的人,她的天性让她从不会对人刻薄或小气。她的个性很好,所有的人都很喜欢她这一点。在演艺圈里,暗伤箭人、贪心、小气或者是说人闲话是很常见的行为,但奥黛丽却绝不会这么做,我很喜欢她,事实上,我爱奥黛丽,像她这样的人,你很难不爱上她。"

6个月漫长的拍摄,让他们的感情与日俱增。她内心里是非常尊敬和喜爱派克的,但是她清楚地知道,派克有家室有儿女,在她心目中,派克就是一个和蔼可亲的兄长。可小报记者却总是把派克对奥黛丽的关爱照顾描绘成绯闻,报纸上总是不断出现这类的报道。这让她十分不快,而她也担心自己和汉森的爱情是否还能继续下去,从出演《金粉世界》开始,她就一直没有时间回到汉森身边,而且,她觉得自己离汉森的世界越来越远了,这让她更加烦恼。

在罗马的拍摄结束后,1953年8月20日,奥黛丽飞往伦敦参加《罗马假日》的首映式,然后又参加威尼斯电影节,美国也为电影上映召开了声势浩大的公众招待会,影片的宣传

《罗马假日》一日之间成为除在美国之外最受欢迎的影片！奥黛丽清纯美丽、高贵可爱的公主形象深受全世界人民的喜爱，奥黛丽·赫本的名字从此家喻户晓。

名家名言

美丽的眼睛能发现他人身上的美德，美丽的嘴唇只会说出善言，美丽的姿态能与知识并行，这样就永不孤单。

名家名言

当还不会演戏时我被叫去演戏，当还不会唱歌时我被要求唱“Funny Face”，当还不会跳舞时我被要求与弗雷德·阿斯坦跳舞——所有的这些的事我都从来没有准备过。所以我非常努力地去适应学习这些事物。

如火如荼。巧合的是，当时英国公主玛格丽特下嫁给了平民摄影师阿姆斯特朗，大家已经分不清，哪个是故事，哪个是电影了。真假公主的影像同时成了各大报刊的头条新闻，这让这部影片更加具有吸引力。

《罗马假日》一夜之间成为除在美国之外最受欢迎的影片！在斯堪的纳维亚半岛国家，《罗马假日》是同期上映影片中最走红的一部！就是在日本，她也成为日本人最喜爱的明星之一。奥黛丽清纯美丽、高贵可爱的公主形象深受全世界人民的喜爱，奥黛丽·赫本的名字从此家喻户晓，就连她在影片中清新俏丽的短发造型，都一时间成为国际流行发式，被命名为“赫本头”。

在20世纪五六十年代，全世界留着“赫本头”的女孩不计其数，她们模仿赫本走路、模仿她的穿着、羡慕她的身材，或许在所有平凡的女孩心中，都有一个期待实现的“公主梦”吧。

阅读思考

① 格里高利·派克和赫本为何会成为终生的好友，他们相互欣赏对方的哪些方面？

② 赫本应该离开未婚夫汉森吗？

第十七章　赫本看自己的电影

《罗马假日》在伦敦首映的当天,赫本自己也很想去影院看看自己出演的这部影片到底效果如何。可是她担心自己会被眼尖的观众发现,如果他们发现了自己就是“安妮公主”的扮演者,场面肯定会混乱,那就太难为情了。赫本和母亲艾拉商量,用什么办法能顺利地参加首映,成为第一批看到《罗马假日》的观众——她实在太想早点看到自己的这部电影了。

艾拉说:“只有一个办法,你别化妆,再戴个墨镜,就像一个普通观众那样进剧院就行了。”

赫本孩子气地请求艾拉:“妈妈,您一定要陪我去,我一个人真不敢看!谁知道我的表演会多可笑啊?”

艾拉说:“当演员,就得有敢于面对观众挑剔和批评的勇气。什么工作都不是轻轻松松能够赚大钱的,当演员不只是靠相貌吃饭,没有足够的才干和智慧,照样干不下去。”

“好在我在美貌之外还有别的东西。嘻嘻,您没看到,现在这部电影的宣传海报铺天盖地,大家都争着先睹为快呢。”

“那是大公司的营销策略,还有格里高利·派克的名气。你别忘了,本来电影宣传是要写他是主演,可是派克先生把这个主演名头主动让给了你,这没什么值得骄傲的。”

赫本嘟起嘴巴不说话了。每次当母亲这样严肃地教育她的时候,她就仿佛回到了小时候,那个沉默寡言、不苟言笑的小姑娘就回来了。是啊,生活之路是如此艰难,她磕磕碰碰地走到现在,演几部电影又算得了什么呢。

电影院里,灯光暗下来了。打扮成普通观众的赫本紧张地盯着银幕。电影开始了,她的心开始“扑通扑通”地跳起来。安妮公主出场了,她利落俏丽的小短发以及白色衬衫和长裙子,看起来非常清新美丽,气质脱俗。

“这是我吗?”赫本目不转睛地盯着自己扮演的安妮公主,好像在看一个陌生人。她看着自己在影片中说话、走路,觉得好不自在,因为那个安妮公主根本不是她自己,她就如同变身的玩偶一样,在那里表演喜怒哀乐……一旦从剧情里脱出身来,站在旁观者的立场上看自己,赫本的理智就开始占据了上风。

“我干吗笑得那么厉害,我的牙齿太难看了,一点都不整齐!还有那句台词,说得真别扭!我的大脚,天啊,为什么要拍到我的脚呢……”她低声地对艾拉耳语,就像一个最挑剔的女观众一样,还发出低低的哀叹。

她没有为自己的演出有一星半点的陶醉,甚至越看越沮丧,她觉得自己的演技太差了,恨不得马上逃离剧院。艾拉了解女儿的性格,她拍拍赫本的手,让她安静:“嘘,你看,观众们可是看得很来劲呢。安妮公主的形象设计非常好,看起来比你本人不知漂亮多少。”

赫本悄悄观察四周,的确,整个剧院鸦雀无声,观众们都被银幕上美丽可爱的公主吸引了,看到她被那位记者捉弄,害怕地把手从石像嘴里缩回来那一幕时,甚至还发出了一阵愉快的笑声。赫本的心稍稍平稳了些。

据说英国著名电影明星英格丽·褒曼在观看《罗马假日》时,发出一声惊叫,她的丈夫罗西尼问:“怎么了?”

褒曼说:“奥黛丽·赫本!她太让我感动了!”

对一个同样是电影明星的观众来说,同行的表演能够深深打动她绝非易事。而褒曼作为一个真诚的、好莱坞有口皆碑的大明星,她的这句评价胜过所有媒体铺天盖地潮水般的赞誉,这句话给了赫本极大的自信。

阅读思考

① 赫本看自己演的电影感觉如何?

② 她的表演为什么能够打动著名影星英格丽·褒曼?

第十八章　第一次获得奥斯卡最佳女演员奖

1954 年 3 月 25 日,奥斯卡金像奖颁奖仪式隆重举行,颁奖仪式在洛杉矶和纽约同时进行,全美广播公司电视网将两地连成一体,同时转播颁奖盛况。通用汽车公司出资 27 万美元买下了颁奖仪式中的转播权。因为奥斯卡奖是全球电影界最有影响力的一个奖项,所有从事演艺事业的人都以得到奥斯卡奖为终生奋斗的目标。

当奥黛丽·赫本几日前得知她因扮演《罗马假日》中的安妮公主而获得了奥斯卡最佳女主角奖候选人资格时,简直不相信自己的耳朵。她还不到 25 岁啊,有多少演了一辈子电影的老演员对这个奖梦寐以求而不得,可是,自己才主演了那么少的影片,就获得了最佳女主角提名!幸运是不是来得太快了?!

能不能最终拿到最佳女主角?其他几个候选人都那么

有名,她们都有很多部优秀的作品,可是自己只有这一部,能竞争过她们吗?不不,不可能的,能有提名就已经不错了,不要再奢望了!赫本的内心受着煎熬,她盼着颁奖典礼的这天快点到来,等待的过程实在太折磨人了。她记得法国大哲学家尼采曾经说过:如果你要惩罚一个人,就让他在无尽中等待吧!

这一天,奥黛丽·赫本在纽约刚演完她的新话剧《美人鱼》,谢幕之后,她顾不得换下演出服,也顾不得卸妆,就匆匆往外跑,因为奥斯卡颁奖典礼就要开始了!所有获得奥斯卡奖项的提名者,都要如期出席终评颁奖典礼。这么重要的仪式,还有全美电视转播,她绝不能迟到!

当她飞快地从剧院后场跑出来的时候,3 月的纽约春寒料峭,冷风一下子穿透了她的渔网长裙,她冻得哆嗦起来,艾拉跟在后面,赶紧给她披上一件黑大衣。

出租车飞快地直奔颁奖典礼现场——世纪剧院。坐在车上的赫本精神有点恍惚。刚刚演完两个小时的话剧,身子不由自主地有些发软,连续几天的演出让她有点吃不消了,真想马上倒在床上,闭上眼睛好好休息一下。这些天来,她表面上若无其事,其实内心一直处在等待结果的焦虑中,紧张、兴奋、担忧、害怕,神经紧紧绷着,而且刚才剧中的情绪也还未完全平复,她的大脑非常亢奋。马上要进入一个气氛紧张热烈的颁奖现场,她觉得自己有点支撑不住了。

一下车,守候在世纪剧院外面庞大的记者团和影迷一下子围了上来,摄影机和闪光灯"咔嚓咔嚓"地对着她一通狂照,赫本感觉自己的眼睛都被闪得分不清东西南北了。她勉强保持着脸上的微笑,告诫自己不可失态,不可出丑!她赶紧跑进化妆间,迅速地换上早已准备好的、纪梵希为她设计的白色碎花吊带长裙。

五分钟不到,有人咚咚地敲她的门:“赫本小姐,接下来就是您的颁奖项目了,请您快些!”来不及卸妆了,她只好带着一脸浓重夸张的油彩妆打开房门,又是一阵疯狂地按快门的声音,耀眼的闪光灯把她闪得睁不开眼睛。她觉得一阵头晕目眩,脚下发软,好像踩着一团棉花。

“千万不要晕倒,奥黛丽,坚持住!”她在心里默念。

当她好不容易穿过记者的包围进入颁奖会场坐下来时,电视屏幕上正播放着远在墨西哥的主持人贾利·古柏宣读最佳女主角提名的候选人名单!他面带笑容,动作夸张地拆开一只信封,从里面抽出一张纸,做出宣读获奖者的样子。

赫本紧张得心都提到了嗓子眼,她把手指放进嘴里,开始使劲咬指甲。从小她一遇到紧张的事情就咬指甲,这个习惯被母亲批评过多少次,她一直改不过来。执行主席佛里德里克·马奇最后走上了舞台,向全世界大声宣布,这个重要奖项结果:“第二十六届奥斯卡最佳女主角奖获奖者——奥黛丽·赫本!”

现场一片欢呼声和掌声,所有镜头一齐对准了奥黛丽·赫本。赫本大脑里一片空白,不敢相信,她拿到了奥斯卡奖!她完全不记得自己是如何站起来,如何跑上领奖台的。她完全失去了一贯的沉静和理智,慌乱得不知如何是好。本该从右边走上舞台,可是她糊里糊涂地竟然跑去了左边。

“赫本小姐,赫本小姐,请您从这边上来!有请!”司仪赶紧通过麦克提醒她。台下的观众善意地笑了,他们知道,这个年轻的女演员太激动了。又有谁能不激动呢?

赫本站到舞台中央的时候,现场再次响起了热烈的掌声,大家带着笑意望着她。赫本对自己刚才的失态有些不满,她微微皱了皱眉头,就是这个表情看起来也那么天真可爱,她朝台下的观众挥了挥手。

当奥斯卡小金人递到她手里的时候,她不知道接下来做什么,一转身差点和司仪撞个满怀!简直太令人难为情了,这可是全美电视转播啊!赫本真想马上下台,回到座位上去,可颁奖程序还没完。

“下面,有请赫本小姐发表获奖感言!”司仪热情洋溢地邀请她。

获奖感言?赫本有点发蒙,她开口了:“这真有点让人受不了。”

观众听了她这句朴实无华的话,又哄堂笑了起来。赫本更加不知该如何说话了,按照事先的准备,她匆匆说了几句感谢的客套话,而且还说得丢三落四,就逃似地跑下了舞台。她想,完了,太丢脸了,妈妈一定会狠狠批评我的。

然而赫本这一切的反应观众都觉得非常自然,可以理解,这不就是一个年轻人在巨大的成功面前的不知所措吗?

从台上下来之后,赫本被祝贺的人群包围了,认识不认识的人都涌上前来,和她握手祝贺。她应接不暇,冲着每个前来道贺的人笑,她觉得身上有些发冷,手脚冰凉,而且长时间的精神紧张亢奋和身体的疲劳使她有些微微发抖。她只能保持着脸上的笑容,礼貌地点头回应所有的人:“谢谢,谢谢您!”

学院院长琴·赫肖特女士也过来拥抱她,本来赫本应该亲吻院长的脸颊,可是她不知道怎么了,却亲吻了她的嘴唇!赫肖特女士大笑起来,拍了拍赫本的后背,说:“我真是个幸运的人!”赫本一下子羞红了脸庞。

“赫本小姐,请您和小金人一起合个影好吗?”记者们在接下来的招待会上提出拍照要求。“当然。”赫本还没从刚才的兴奋中回过神呢,她转身去拿小金人,可是!她的金像奖奖杯呢?刚才明明她还拿在手里的,怎么一下子不见了?天啊,放哪里了?

“对不起,等等,我去找找。”赫本非常抱歉地对记者们说,然后匆匆跑回刚才去过的地方,一个一个角落地找。找不到!在场的工作人员听说赫本丢了金像奖奖杯,也赶紧过来帮助她寻找。颁奖会场的座位上,还有嘉宾休息室,大家低头找了半天,都没看见。

现场人很多,很多陌生人出出进进,金像奖奖杯会不会被人偷走了呢?

“我今天怎么了?”赫本非常懊恼自己,急得要哭了。平日自己不是这样啊!这么珍贵的小金人,还没在自己手里握半个小时,忽然就不见了!太粗心大意了!艾拉看她这么自责,倒安慰起她:“算了,奖杯不见了就不见了吧,反正你获奖的事人尽皆知了。”

工作人员只好去拿另一个金像奖奖杯给她，让她完成拍照任务。取景框里，奥黛丽脸上还带着夸张的浓妆，一眼看去她是满脸的欣喜和兴奋，双手托着金像奖奖杯，小金人贴着她消瘦的脸庞。但是，熟悉奥黛丽的人都会觉得，她的眼睛里少了一点发自内心的欢乐之光。

小金人后来幸运地被找到了，原来是她不小心遗忘在女士专用休息室的沙发上了。可能是这座小金人和赫本就是有缘无分吧，10 年后，它又被进入赫本家盗窃的小偷偷走了。

阅读思考

① 赫本第一次获得奥斯卡最佳女演员奖，她的反应如何？

② 赫本的成功是偶然的吗？

第十九章　与梅厄·费勒喜结良缘

赫本一夜之间成了奥斯卡影后，各种奖项和荣誉纷至沓来。突如其来的盛名和媒体的关注让她很不适应，神经经常处于高度紧张状态，弄得她十分疲惫，她觉得这些东西都不是她最渴望得到的，她真正渴望的，还是能获得真挚永恒的爱情，就如同《罗马假日》里那段浪漫美好的感情一样。然而，现实生活中，和初恋情人汉森的爱情却不得不结束了。

一拍完《罗马假日》，赫本就马上飞往纽约去参加《金粉世界》的巡回演出，她连回一趟加拿大看望未婚夫汉森的时间都没有，而这才是她最想做的一件事。她非常苦恼，心绪不宁，可又无可奈何。

艾拉劝解她："你的事业刚刚开始，你不可能就这样放弃辛辛苦苦打拼获得的一切。虽然嫁给汉森你也能衣食无忧，但是想想吧，你的世界里，除了孩子就是卡车、马匹和猎狗，这样的生活你会甘心吗?”

“可是,我已经答应汉森的求婚,说好了一拍完电影我们就结婚的。他现在肯定正为婚礼兴高采烈地做准备呢。”赫本一想到这个,就心情沉重,一脸愁容。

其实她也知道,自己并不是爱汉森爱得发狂,他们之间也没有《罗马假日》爱情故事那般浪漫神奇,但是自己不是个食言之人,不履行诺言,会让她觉得自己有负于人。

“孩子,你相信我这个过来人的眼光,汉森并不适合你。现在,你得果断地结束和他的关系,没什么好商量的。”艾拉斩钉截铁地说。

“可是……汉森怎么能接受这个结果?”赫本不敢想象。

“那么,就通过媒体向大家直接宣告吧,他会看到报纸的。”

就在《罗马假日》在芝加哥首映式上,赫本抱歉地向媒体宣布了她与汉森恋情的终结,她的第一次爱情就这样无疾而终了。

格里高利·派克知道赫本的苦恼,他很想为这个好女孩儿做点什么。于是,在《罗马假日》的首映式上,他特意介绍赫本结识了好莱坞著名的导演、演员兼作家梅厄·费勒。梅厄是派克的好朋友,他们的关系非同一般。派克很欣赏梅厄的才华,他认为梅厄能带给赫本更大的成功。

24 岁的奥黛丽就这样认识了大她 12 岁的梅厄·费勒。梅厄是个才华横溢的作家、编剧,他多才多艺,性格坚强、喜欢尝试新的事物。他曾上过名校、写过小说、舞技超群、还会演艺,他和赫本一样会说多种语言。梅厄当时已经是四个孩子的父亲，虽然那时他又恢复了单身，但是显然他看起来非常成熟，浑身散发着冷峻、深沉、具有领袖风范的成年男子不可抵挡的魅力，何况，他身材高大、面部轮廓瘦削分明、相貌英俊，令人着迷。

赫本对比她大的成熟男性有天生的好感，她认为这样的男人会给她一种从小失去父亲后最缺失的安全感，一遇到这样的男性，她就会不由自主地动心。她是个缺乏父爱的孩子，她要找的丈夫必然是要承担起父亲和丈夫的双重角色的。

二人几乎是一见钟情，梅厄一见到奥黛丽 · 赫本，就觉得她是全场所有女性中最美丽的一位，而且，她的美是那种无法言说的、超凡脱俗的美，这样冰清玉洁、纤弱动人，他的内心一下子就升起一种想要把她与这个污浊的世界隔开，想要好好保护她的冲动！他觉得自己应该承担起这个责任！但是，他又有些顾虑，毕竟自己年龄大她很多，而且结过两次婚，有四个孩子——这恐怕对一个年轻姑娘来说，是不太容易接受的现实。

但是奥黛丽早已对他产生了好感，他们很快便亲近起来，并且都很希望能一起合作演戏。于是，梅厄找到了一个话剧剧本《美人鱼》（根据女主角的名字，也叫《翁蒂娜》），讲的是一个英俊的游侠骑士汉斯无法忠于美丽的水中精灵、美人鱼翁蒂娜的爱情悲剧故事。故事既具有人神相恋的浪漫基调,也不乏对现实的理性批判。二人朝夕相处,在排演话剧的过程中感情不断升温。

“奥黛丽,你想想清楚啊,这个梅厄先生真的对你就那么好么?”艾拉不知道为何,直觉上就不喜欢梅厄。她试图劝阻女儿和他恋爱。

“妈妈,您为什么觉得他对我不够好?”

“我看他一天到晚都很少露出笑脸,即使见到我也一样!到底有什么事会让他那么严肃?”

“嗯,别看他不苟言笑,他可是个做事情非常认真而且很有才华的人。您看吧,我们这出剧一定能大获成功!”赫本一脸的兴奋和憧憬。

“他固然有才华,但是,我看他的性格过于强硬了,缺乏温情和亲和力,你看看,他的朋友很少,这种人未免有点自视甚高了吧。”

“妈妈,为什么我每次谈恋爱,您都看不顺眼呢?我都快25岁了,您不能干涉我的自由!”

“哎,是你自己眼光差,怎么还反过来怨我呢?我是为你好,你怎么就不能好好听取一下别人的意见呢?”艾拉还是那么固执,不肯让步。

“可是,您从来都不同意我跟别人谈恋爱!”

“你错了,奥黛丽,我不是反对你谈恋爱,而是担心你嫁错了人,不幸福!就说梅厄吧,他已经结过两次婚,有了四个孩子!他能两次抛弃前妻和孩子们,多么老练无情!你能保证他一辈子就只爱你,绝不厌倦你吗?”艾拉说着激动起来,语气也变得激烈了。

“我不管,妈妈,只要现在他爱我,我不管以后怎样。再说,我绝不会让他离开我的!”处于热恋中的赫本已经听不进去任何劝阻了,她认定了梅厄是自己的丈夫,除了梅厄,这辈子她谁都不嫁!

在赫本心里,其实是有着深深的自卑心理的,她觉得自己这么丑,能有人爱,愿意娶自己为妻,就已经是极其难得的事了,更何况是那么有才华的、完美的梅厄·费勒先生,她只有感谢上帝的份儿啊!

话剧《美人鱼》在1953年获得了美国戏剧年度奖——托尼奖!这次的成功无疑促使奥黛丽·赫本与梅厄·费勒的恋情修成了正果。

1954年9月25日,奥黛丽·赫本的婚礼在瑞士卢采恩湖畔的一个小教堂里举行。远在美国的派克飞来参加了婚礼,他送给赫本的结婚礼物是一枚别致的蝴蝶胸针。这枚胸针赫本非常喜欢,一直珍藏在她的身边,直到最后一刻。

阅读思考

① 赫本为何会不顾母亲反对选择梅厄·费勒?

② 不管年龄差距多大,不管是否结过婚、有过孩子,只要相爱,一切不是问题。你赞同赫本的爱情观吗?

第二十章　流产的噩梦

“在我还是个小女孩的时候,我就特别渴望当一个母亲。这就是真实的我。电影都是童话故事。”赫本说起自己对孩子的渴望时这样说过,“我想我天生就适合做母亲,如果我能生不止两个儿子,或还能有女儿,或者一堆孩子,我简直求之不得。”

婚后,赫本和梅厄在罗马度过了一段非常甜蜜的时光,10月赫本就发现自己怀孕了！得知这一消息,赫本欣喜若狂！我要做母亲了,我要做母亲了！她一遍一遍地对自己说,不停地抚摸着小肚子——虽然她的小腹还是平坦得根本看不出一丝变化。

“妈妈,”赫本迫不及待地打电话告诉远在伦敦的母亲:“我怀孕了!”

“这真是个好消息啊!”艾拉也很高兴。

“我要当妈妈了!”赫本顿了顿,然后慢慢地说,“我想暂时先停止一切工作，我要好好休息一下，把身体养好，生个健康的孩子！”

“当然！前段时间你的贫血症和气喘症都太严重了，演《美人鱼》真把你的身体累坏了，若不是到瑞士疗养了一段时间，你这身体怎么能怀孕呢！”艾拉叹口气，说，“还是让我来照顾你吧。”

赫本为了这个孩子暂时息影了，事业固然很重要，但是，为了家庭和孩子，她完全可以放弃事业！她开始小心翼翼地走路，不再骑车和做剧烈运动，每天都看孕妇须知、育儿大全，她要学习如何做一名孕妇，当一个合格的妈妈！她本来就喜欢美食，现在更是把时间花在研究饮食和烹饪上，她要为了腹中孩子的健康成长负责，她绝不希望孩子再像自己小时候那样忍受灾难、饥饿和恐惧的折磨，她/他一定要幸福快乐！

1955 年元旦前一天，赫本和丈夫把家搬到了伦敦，他们在波特曼广场租了一套舒适的房子，为迎接孩子的到来做好准备。春天到来后，赫本又回到了瑞士，那里清洁的空气和安静的环境对孩子有利。现在，她所做的一切，都是为了保证孩子能够健康成长。她也要把身体养好，当一个强壮的母亲！

3 月的瑞士刚刚有了春的气息，远远的山顶上还能看到未化尽的积雪，但是城市里的街道上，一些早春发芽的树木顶端，已经看到了淡淡的鹅黄色，春寒料峭中，微风传递着不易觉察的一丝暖意。

一天,梅厄一早就外出了,艾拉也上街去购物了,家里只有小狗和赫本做伴。赫本待在家中无事可做,腹中的胎儿已经过了危险期,她觉得自己不能总是待在房间里闷着,太闲散的生活也让她觉得不自在。外面阳光明媚,小花园里的土地都荒了一个冬天了,对,该去侍弄一下花草了！她一向喜爱园艺,喜欢培植些花花草草,这么好的天气和阳光让她有了一种做点什么的冲动。她手脚麻利地披上一件呢子大衣,虽然怀孕后她很注意饮食,胃口也不错,可是体重增长得很少,除了腹部能看到一些凸起,身体还是那么消瘦,穿上大衣,完全看不出是一个已有 5 个月身孕的准妈妈了。

她拿上篮子和一把小铲子,来到自家花园里,打算种一些喜爱的白玫瑰和九重葛。她小心地蹲下身子,察觉自己的行动明显不如怀孕前那么灵活了,她开始铲土,冻了一个冬天的泥土有些硬,铲下去就发出"嚓嚓"的响声。赫本听着这声音觉得心情非常愉快,她一铲接一铲地干了起来。

可是,没等她铲出一米开外,她忽然觉得自己的小腹有些僵硬发紧,她慌忙站起身,用手抚摸着腹部:"怎么啦,宝贝？你不希望妈妈这样蹲着是吗？压着你了吗?"赫本习惯性地对着腹中的宝宝说话,每晚睡前,她发现自己的腹部有胎动,就抚摸着它,给它唱歌、讲故事、放音乐。

她放下篮子和铲子,慢慢走回到客厅里,打算喝点热茶暖一暖,可能是很久没出去活动了,她觉得四肢血液的流动有点不畅。她坐下来,喝了口茶,热茶温暖了她的手指,但她仍觉得小腹紧绷绷的难受,她觉得有些不妙。

门铃"叮铃"一声响,是艾拉回来了。她站起来去迎接,可是突然一阵头晕目眩,赫本手中的茶杯"当啷"一声掉在了地上,接着便一头栽倒在地!

"奥黛丽!奥黛丽!天啊,你怎么啦?"艾拉一进门,大惊失色地喊道。

赫本双目无神,身体因为疼痛缩成一团,嘴唇哆嗦着说不出话。

"快!快!救护车!救护车!"艾拉扔掉购物袋,冲到电话前拨通了救护电话。

被及时送到医院的赫本没能有好运气,在她腹中活了5个月的胎儿不幸流产了!听到这个消息,一向坚强的赫本当场晕了过去!因为在少女时期健康受到过严重损害,她身体素质本身不好,几年来超负荷的工作,身体长期处于疲劳状态,加上她的臀部和盆骨先天性窄小,也影响了胎儿的成长发育。

醒过来后,赫本放声大哭,她第一次在大家面前流露出了她的脆弱,不顾一切地恸哭!她觉得对不起丈夫,因为自己身体状况太差,不能顺利生下她和梅厄的孩子,自己不是个合格的母亲!一连很多天她都沉浸在悲痛中,以泪洗面,不愿见人,不吃不喝。家里为还未出世的孩子准备的那些小物品,每一件都让她伤心哭泣。她是多么盼望成为一名幸福的母亲啊!

然而,赫本没有想到,她悲伤的流产史才刚刚开始,之后她又经历了几次痛苦的流产经历，每次都让她痛不欲生！一直到她和梅厄结婚 6 年后，她才有了第一个孩子，儿子西恩。

阅读思考

① 作为一个美丽的女演员，身体又不好，赫本为何还要选择生育孩子？

② 你认为孩子对赫本来说有多重要？

第二十一章　和梅厄发生矛盾

赫本知道，作为演艺圈里的著名夫妻，他们的感情生活更容易被外界所干扰窥探，也易被身边那些层出不穷的充满魅力的人所诱惑。娱乐圈里充斥着太多复杂的因素，充满了令人难以应付的竞争、攀比、妒忌、排挤、绯闻、造谣等不良的气息。媒体对他们的态度也至关重要，如果和媒体关系紧张，那么这个演员的日子就不会好过了。

赫本决心不让自己的婚姻受到伤害，她要和丈夫相爱相守一生！演员的工作漂泊不定，一旦接受了拍片任务，就可能要离家很长时间。赫本害怕长期分离会带来感情上的疏远，于是她告诉经纪人，以后她的每份工作合同里，必须有一条，如果要她出演任何影片，对方都要提供给梅厄相应的工作机会，保证拍片期间两人可以在一起，不影响他们的家庭生活。但是，这个条件并不是每位导演都能接受的，所以赫本也失去了一些很有潜力的电影邀约，如《美国救护员琼》《安妮日记》等。

梅厄时常劝赫本："你完全不必这么紧张，偶尔一两次你独自去拍片也没什么关系，这么好的制作班底，这么精彩的剧本，拒绝实在可惜。"

赫本微笑着望着丈夫："亲爱的，事业对我来说并不重要，重要的是你在我身边！只要有你，放弃一切都不算什么。"

梅厄拥抱着瘦削的妻子，爱怜地抚摸着她的黑色头发："我知道你担心的是什么，你太没有安全感了。放心吧，我会永远在你身边，保护你的。"

有时候外出天气很冷，赫本会调皮地钻进梅厄宽大厚实的大衣里，然后扣上纽扣，这时两人就完全变成了一个人，赫本脸上幸福快乐的神情也让旁人看了非常羡慕！他们俩从不避讳在公众面前亲昵依偎，当相爱的人沉浸在爱河之中时，他们的眼睛里只有对方，外界的一切都似乎不存在了。

大众媒体说不清为何对梅厄一致没什么好感，或许是因为美丽的公主刚刚在银幕上大放光芒，就被这个幸运的男子"据为己有"了吧，很多人难免心生嫉妒、怅然若失。或者是因为梅厄恃才傲物，态度清高，对媒体记者不讨好，不媚俗，态度常常有些强硬，他不喜欢那些记者们像苍蝇一样总是黏在他们夫妇周围，指手画脚，打探隐私，他们甚至找不到一处安静的地方享受独属于他们的甜蜜生活。所以，梅厄常常会用冷淡的态度面对媒体，希望用自己的强硬态度给敏感脆弱的妻子筑起一道防护墙，让她少受刺激和干扰。

外界给予赫本过多的赞誉和拥护，过多的关注和喜爱，其实都对她形成了巨大的压力，让她焦虑紧张，她一出现在公众面前，就会引起轰动和骚乱，这对她的安全都造成了威胁。

在去罗马拍摄《战争与和平》之前，赫本曾经回到故乡荷兰，参加一个慈善性的义卖活动。活动安排她在一家百货公司门前为群众签名，并向群众募集资金来抚恤在“二战”中死难者的家属。人们听说赫本来了，都激动得疯了一般涌向百货公司，想亲眼目睹“公主”的芳容！由于聚集的人越来越多，场面失控了！激动的人群冲动之下竟然砸碎了百货公司的橱窗玻璃，推倒了门前的柜台，将赫本团团围住！他们嗷嗷叫着把手伸向她，拉着她的衣服要和她合影，要她签名，甚至要强行亲吻她！

赫本吓得两腿发软，不知道该怎么冲出重围，梅厄用胳臂紧紧地护着她，一只手用力推开涌上来的人群，声色俱厉地呵斥着：“让开！让开！”靠着身材高大的梅厄的保护，赫本才得以脱身躲到休息室，把群情激奋的人们挡在门外。赫本紧紧依偎在梅厄的怀里，她感激地亲吻丈夫的脸颊，在她心目中，丈夫就是一堵墙，为她挡住危险和诱惑！她无法想象没有了梅厄，她该多么孤单无助！

可是，这样一来，外界对梅厄的猜测更加不带善意了，很多人私下传言，说梅厄的才华并没有妻子那么突出，又心胸狭窄，担心自己的妻子名气太大超过自己，于是严厉控制她，不让她自由自在尽情施展才华、发展事业，不让她和别的男性交往，而且更可悲的是，他还靠着赫本去获得工作的机会，这简直就不是一个能配得上她的男人！

梅厄的行为常遭到那些疯狂的粉丝的咒骂，他在众人的诽谤和非议中度过了很多年，只有赫本知道，梅厄是个多么优秀的男人，是因为她，他才受到那么多指责和批评！有人故意称梅厄为“赫本的丈夫”，这对梅厄来说是非常难堪的。这或许就是一个娶了全世界影迷热爱的女明星要付出的自尊代价吧！

娶了赫本之后，梅厄的电影事业却没有因此而蒸蒸日上。他其实是个事业心很强很有野心的人，他非常渴望自己的成就能够在妻子之上，让妻子为他感到骄傲。他导演了一部电影《绿色大厦》，女主角当然是赫本，他希望这次合作还能像他和妻子的第一次合作《美人鱼》那样成功！赫本也很喜欢这部电影的构思，欣然参与了影片的出演。然而，不幸的是，这部电影并未获得观众的认可，大概是梅厄冷漠、强硬、孤傲、刚愎自用的气质损害了这部影片应有的浪漫氛围，他的导演风格不适合这部电影的罗曼蒂克，或者是这个冒险故事的传奇性没有得到突出，总之，观众对它非常冷落，票房惨淡，这次合作完全以失败告终。

梅厄并不是个铁打的男人，他也需要鼓励和成功。事业上的不顺利，外界对他的揣测和批评，一点点在侵蚀着他的神经。

结婚 6 年后，他们的孩子西恩的出世，给生活带来了新的希望和无限的乐趣！终于在30岁这年成为了一名母亲，赫本也从一个脆弱无助没有安全感的女孩成长为一个成熟淡定的女性！

或许是太盼望有个孩子了，赫本对这个来之不易的小家伙极为珍视，儿子，就好像是上帝赐给她的天使，一个生命中最重要的宝贝，其他一切与之相比似乎都不那么重要了。生活的重心悄悄发生了改变，赫本浑然不觉。她的眼睛、心思完全被西恩所占据，她每天想的，就是西恩要吃了、他要睡了、他要洗澡了、他要换尿布了……

她从一个柔弱的女性变成了一个强大的母亲，为了儿子，她觉得自己有无限的勇气和力量！此时，梅厄反而成了家庭生活中的一个次要人物，他看着妻子精心照顾儿子，忙得像个团团转的陀螺，而自己却在一旁不知道该干点什么——尽管他已经是第五个孩子的父亲，可是他在照顾婴儿方面仍然不太在行。

赫本好几年间都把精力放在了西恩身上，她去拍电影，也会把西恩带在身边，她不能忍受和儿子的长时间分离，所以，西恩小小年纪，就已经住遍了欧洲各大城市的著名旅馆。

结婚10年后，赫本和梅厄之间的关系渐渐产生了裂痕，一些梅厄与其他女人的流言传到了赫本的耳朵里。他们之间开始发生争执，甚至有人听到他们争吵。有一次，赫本气急了，她让人把她的更衣室四周竖起了木桩，在门外挂起了一个“请勿打扰”的牌子，就连丈夫来找她，也被她拒之门外！梅厄颜面尽失，对他这个大男子主义气息浓重的人来说，这简直就是当众扇他的耳光了!

和丈夫发生的感情问题必然也会影响到工作的心情,赫本觉得,不能就这样把夫妻多年来的感情毁掉,她仍然想努力挽回他们之间的爱情,她仍然记得当初和梅厄结合时发的誓言。她觉得是自己的工作太忙碌,给孩子的时间太多,没时间陪伴丈夫才导致第三者插足,所以,她决定和丈夫一起去游遍欧洲,放下总也忙不完的工作和日夜牵挂的孩子,和丈夫重温甜蜜的二人世界。在8个月里,他们一共安排了十多次旅游,赫本天天陪着丈夫,弥补她这些年来对梅厄的忽略。

为平息舆论对他们婚姻生活的种种猜测,赫本还专门召开了一个记者招待会,她当着众多记者和媒体,勇敢而深情地发表了一段讲话,表明自己对婚姻的珍惜和乐观态度。"我们的婚姻非常美满,虽然和许多夫妇一样,也会有生活中的小摩擦,但是我和梅厄的感情一直非常深厚,他是这个世界上唯一为我而准备的男人,我不能想象没有他我的生活会是什么样子。我们都热爱电影事业,我们都热爱我们的孩子,我们在一起生活了十四年,依旧情深意笃!请大家为我们祝福吧!"

但是,当着媒体的面来为婚姻辩白,这本身就是婚姻出了问题才会发生的事。夫妻二人的不合已经无法再隐瞒下去了,所有的八卦新闻都在报道他们之间的矛盾裂痕。梅厄准备和别人共同执导一部新片,赫本原以为女主角非她莫属,结果却不是!梅厄安排了美丽的女演员卡特琳娜·德诺芙出演，而另一位导演正是赫本特别欣赏、最想与之合作的人。

她觉得这是不能忍受的屈辱和打击，她对婚姻的挽救和努力完全失效了。痛苦至极的她打电话给远在美国的好朋友派克——他也是她和梅厄的"红娘"——来诉说内心的苦闷。"派克，你不能想象，当我和梅厄的爱情就剩下一个空壳的时候，我多么失望、难过！我认为两个善良的人相爱，他们的婚姻肯定会维持到一方的离世为止。我的这个想法简直太不现实了。"

"奥黛丽，感情不是永恒不变的。我们都可能会遇到同样的问题。"派克非常理解她，温和地劝慰。

"我知道与一个名人结婚有多么艰难，不但处处被人认出，还要处处位于她的名字之后。梅厄忍受了多么大的痛苦啊！但是，相信我，我一直把事业放在次要的位置。"

"这个我们都知道，你是个传统的女人，你是个好妻子、好母亲。"

"可是，干我们这一行，诱惑太多，如果分不清现实和演戏，有时候难免假戏真做，想永远维持一段感情不变，真的太难太难了！我真的已经尽力了，可是……"赫本说着，眼泪不听话地奔涌而出。只有在老朋友派克这里，她才会像个小女孩一样，向宽厚的兄长诉苦抱怨。虽然梅厄也

大她 12 岁，可是，梅厄对她更像一个严厉的父亲。

赫本夫妇的婚姻貌合神离地凑合着，尽管如此，他们还是没有打算离婚。而且，当他们一起出现在公众面前的时候，看起来他们还是挺恩爱的，但是这个恩爱中，大家看到更多的是二人相互间彬彬有礼，拘谨客气，好像当中横着一道看不见的鸿沟。

有朋友想不通他们为何要这样：“我不明白奥黛丽为何要把这件事拖得这么久，我猜想她除非到万不得已是不想走到离婚的路上的。她为人温和、忠诚，她为挽救他们的婚姻关系已做了所能做的一切。”大家都在为赫本抱屈。

最终在 1968 年的秋天，赫本在一次旅行中结识了意大利精神病医生安德烈·多蒂，二人陷入热恋中，后来多蒂医生成了她的第二任丈夫。

1968 年底，奥黛丽·赫本与梅厄·费勒正式离婚。

阅读思考

① 赫本与梅厄矛盾产生的根源是什么？

② 你认为赫本当初的选择错了吗？

第二十二章　与时尚结缘

1990 年,*People* 杂志推举奥黛丽·赫本为“全球最美丽的 50 人之一”,而那时赫本已经 61 岁了。在她去世 3 年后,《哈泼斯与皇后》杂志通过调查评出的当代最美丽的女性,赫本依然高居榜首。奥黛丽的美丽受到了全世界人民的喜爱,她的影迷遍布世界各地,而她独特的美也改变了时代对于女性美的定义,她改变了“性感”一词狭隘的含义,鼓舞女性去发掘与强调各自的优点。《罗马假日》上映后,“赫本风格”正式成为了一个名词。

《名利场》杂志的编辑米尔回忆道:“当时街上的每个人都剪了‘赫本头’,大家都对她着迷至极,每个人都在学她走路、说话的样子。有一半的女孩不再把内衣里填得满满的,也不再穿着高跟鞋走路。能成为奥黛丽·赫本那样的人是每个女孩的心愿,要知道,这股风潮持续了十年之久!”

赫本的个人风格和对时尚的品位使她得到了全世界时

尚人士的一致认同,她对美有着天生的敏感,还是小女孩的时候,母亲艾拉就非常用心地把她打扮得整洁、漂亮,在少女时期,那么艰苦的岁月,赫本都没有放弃对美丽的坚持,而10年芭蕾舞学习的经历,也使她对高贵和美有着自己独特的理解和认识。

“人们梦想有一个很大的游泳池,我却梦想拥有一个很大的衣橱!”赫本回忆起小时候的事情时,腼腆地笑着这样说。当时做群舞演员时的一位同伴说:“奥黛丽的全部家当几乎只有一条裙子、一件上衣、一双鞋和一顶帽子,但是她却有14条丝巾!”或许人们还记得在《罗马假日》里公主在罗马大街上,穿着白衬衫和长裙,纤细的脖子上系着一条花丝巾,显得那么清纯又充满活力,其实,那就是赫本自己的样子,她把自己在镜头前自然展示出来,就那么惹人喜爱。

赫本在时尚界不以“性感”取胜。她的好友,“007”的扮演者罗杰·摩尔曾说:“奥黛丽赋予美丽一种全新的概念。50年代的明星本来都是像拉纳·透娜、爱娃·嘉德娜、简·拉塞尔和玛丽莲·梦露那样着短裙的性感尤物,但是忽然出现了一个奥黛丽这样的有着大眼睛、流行又不庸俗、欧洲味十足的女孩,使每个人都感觉眼前一亮。她是如此独特,因为她像一泓清澈的甘泉。”

赫本对于个人风格是这样理解的:“我认为,每个女人在了解了自己之后都能打造出个性化的风格。”

赫本的终生密友、著名时装设计师于贝尔·德·纪梵希曾说:“能够在奥黛丽刚刚踏入影坛的时候就与她结识是我一生最自豪的事情。我为她设计了几乎所有的服饰,她在个人的穿着上创造了优雅、流行和简单,更重要的是'赫本风格'成为了一个专有名词,而我们必须意识到这是由一个顾客而不是设计师完成的。她太伟大了,无人能出其右。"

纪梵希与赫本合作共同打造出了著名的"赫本风格",但纪梵希却非常谦逊地将这个功劳全部算在赫本头上,他自己一点也不居功自傲。这或许就是他与赫本之间诸多的共同点之一,他们都是谦逊、礼貌、高贵、优雅的人,他们都对工作有着认真的态度和高度的热情,对朋友都是那么真诚,是真正的淑女和绅士。因此,他们二人从一见面开始,便相互喜爱、欣赏和尊敬,对二人的关系,外界纷纷扬扬的猜测和绯闻不断,但这并没有影响到他们坚定的长达四十年的友谊。

但是,1953 年夏天,赫本与纪梵希的第一次见面并没有人们想象的那样传奇,一个刚出道的小演员和一个年轻的、风华正茂的服装设计师见面时,并没有引起设计师的重视。纪梵希后来讲起他们的第一次见面,说:"有一天,有人告诉我,赫本小姐将到巴黎挑选新戏的服装,我从来没有听说过奥黛丽·赫本这个名字。我只知道凯瑟琳·赫本,如果是凯瑟琳·赫本的话,我一定会很高兴地前去迎接的。"

虽然纪梵希并不知奥黛丽·赫本是谁,但她却对这位设计师的经历有所了解,对他的大名早有仰慕。当时的纪梵希 26 岁,只比赫本大 2 岁,已经在巴黎创办了自己的设计公司,典雅细致的设计风格令刚出道的他在法国上流社会很快受到追捧。他出身于纺织厂主家庭,自幼与各类衣服布料打交道,那些纺织品对他来说,仿佛都有自己的气味、手感、色彩和生命,他和服装的感情就像他的老师——著名服装大师巴伦西亚所说:"衣料是设计师灵感的来源,毋宁说它们就是设计师的生命。"

赫本来到纪梵希工作室的时候,楼上的纪梵希还在不停地忙碌着,他当时正在准备自己的新装发布会,忙得根本无法分神。最初派拉蒙公司是想请当时著名的服装设计大师巴兰夏加为她设计服装,但是巴兰夏加大师的年度发表会就要举行了,不能在这个重要的时刻打扰他。于是赫本主动建议去找纪梵希,负责此事的沙冈夫人正好与纪梵希私交不错,于是就联系了他,要他抽空见见这位年轻的女士。虽然纪梵希也是忙得不可开交,他还是没有拒绝朋友的请求。

"您好!我是奥黛丽·赫本。"奥黛丽站在纪梵希面前,微笑着介绍自己,她的内心里有些忐忑不安,但她脸上很平静。

白衬衫、窄腿裤、平底鞋,纪梵希一眼看到的赫本就像一个邻家女孩,虽然平凡中有些与众不同,但是他还是有点失望。在高大的纪梵希眼里,赫本实在是有点不起眼。"这个姑娘怎么会这么瘦,比模特公司的模特们还要瘦。就像一个脆弱的小动物,一捏就会碎。"纪梵希心里嘀咕着,上下打量了一下她的身材,以一个服装设计师的眼光来看,赫本的身材算不上"标准"。

"纪梵希先生,我非常希望我的新片能得到您的支持,您能为我的新戏设计一些高档的套装吗?"赫本眼睛直视着纪

“人们梦想有一个很大的游泳池，我却梦想拥有一个很大的衣橱！”

名家名言

如果够真诚我应该告诉你，我现在依然阅读童话，而且它们是我最爱的读物。

名家名言

生活就像在博物馆里走过场，要过一阵子你才开始吸收你的所见，思考它们，读书了解它们，记忆它们——因为你不能一下子全部消化。

梵希，非常诚恳地问道。

“嗯，我和沙冈女士说过，几个星期后我的新装发布会就要举行，你看我现在还有很多工作没有完成，实在太忙……”正说着，一个助手走过来，拿着一张服装图纸请纪梵希过目。

他匆匆看了看，拿起铅笔在图纸上迅速地写写画画，然后让助手去修改。刚放下笔，还没来得及说话，办公室的电话铃声大作，他又忙着去接听。

赫本看着这个到处铺满了图纸、挂满了衣料和新装样本的办公室，明白了他现在的处境，看起来，让这个服装设计神童为自己的新片单独去设计几套衣服，近期是不太可能了。

“嗯，纪梵希先生，我想，如果您的确不能为我单独设计的话，我可不可以从您过去的发布会上展示过的成衣里，挑一些适合我穿的衣服呢？”赫本忽闪着明亮的大眼睛，试着提出自己的请求。

纪梵希被奥黛丽那双有着长长的睫毛的美丽的大眼睛吸引了，她未施粉黛，看起来朴素纯洁，而且那么诚恳礼貌，面对这样一个有魅力、有教养的年轻女孩，再说“不”字似乎就有点太冷酷了。

“好吧，”纪梵希点点头，“你自己挑吧，都在那边工作间里。”

得到了纪梵希的允许，赫本乐得一下子跳起来，她动作轻盈敏捷地打开旁边工作间的门，就像走进了四十大盗的宝库里的阿里巴巴一样，放满了衣服鞋帽的工作间琳琅满目，她满心欢喜，眼睛放光，哇，好多漂亮的时装！她开始在里面仔细寻找起来。

赫本挑选的第一套衣服是件灰色外套,当她穿上身,带上一个白色的头巾走出衣帽间时,在场的工作人员都有点吃惊:“这是刚才那个女孩吗?”她的装扮让大家眼前一亮!

纪梵希回忆道:“无法令人相信的事发生了,你可以不相信它,但是它确实就在你眼前,她穿着那件衣服走过来,真是神采飞扬。”纪梵希忽然发现,这个女孩身上有一种特别的美,她纯洁、高贵和优雅的气质,是很多模特身上都缺乏的,所以,一件看起来并不那么耀眼的服装,穿到她的身上立刻显出了它的原本的品位和气质。这正是纪梵希希望看到的东西。

纪梵希认为:“女人不是单纯地穿上衣服而已,她们是住在衣服里面的。”因此,赫本天生丽质的美使得他设计的衣服有了生命,这让他非常惊喜。

赫本挑了第二件衣服,那是一件白色无肩带连身长裙,从腰间到裙摆都覆盖着一层薄如蝉翼的轻纱,在腰身两侧、裙身和裙摆上,白色布料上绣着黑色丝绒花朵,无肩带的设计、黑白搭配的图案简洁、大方、高贵、美丽,赫本穿着这件晚礼服,她从一个不起眼的小女孩一下子变成了一个光彩照人的女神!

纪梵希觉得他快透不过气了,这件他自己亲自设计的晚礼服竟然如此之美!不是他的衣服,而是完美的奥黛丽·赫本,赋予了这件衣服以生命和价值!它就是为她而设计的,它和她简直就是绝配!纪梵希突然觉得一种无比的自豪感,看哪，这是谁？这个美得让人无法呼吸的女神，让一件衣服有了灵魂！

最后，赫本选中了一件黑色棉质的连衣裙，平领露肩，裙摆长度到小腿，蓬蓬的裙摆让她看起来像个可爱的芭比娃娃，但绝对比芭比娃娃有种更加低调高雅的气质。而她自己选择的一顶缀着水晶的黑色小帽的搭配，让简单黑色的裙装又带有了华贵和灵气。多么具有审美眼光的女孩！她对美的直觉实在惊人，周围的人都为赫本天生的时尚触觉打动了。

当三套衣服试完，纪梵希觉得面前这个姑娘已经完全不似一开始给他的那种脆弱、极瘦、不起眼的样子了，她纤细高挑的身体里蕴含着一种深沉的力量，她那明亮的大眼睛里绝无轻浮，浓眉大眼五官立体感很强的她有中性的美，可又绝对是个大美女！正是她，他的那些心血之作重新焕发出了光彩！

新装发布会的事忽然变得没那么紧迫了，纪梵希觉得自己该和这个姑娘好好认识一下，他不希望就这么让赫本走了。

“赫本小姐，如果您不介意的话，我们一同共进午餐如何？”

“啊？”赫本有点意外，纪梵希先生这么忙，怎么肯抽出时间给自己了呢？

“当然，非常荣幸！谢谢！”赫本从小就具备的良好教养让她马上露出一个甜蜜的微笑，愉快地答应了。

纪梵希马上把工作吩咐给他的助手们，欣然和赫本去了格兰大道的餐厅。

纪梵希身材高大,长相英俊儒雅,举止文质彬彬十分绅士,作为服装设计师,他自己的穿着也相当帅气得体,当他和身材苗条、美丽优雅的奥黛丽双双出现在大街上时,周围的行人都忍不住纷纷给他们行注目礼:“这一对漂亮的人儿是谁?”

餐厅里人不多,餐桌上也摆上了精致的菜肴和香槟,他们俩的谈话十分投机,这些美食也阻挡不了他们热聊的兴致。赫本就像遇到了多年的好朋友一样,原本拘谨腼腆的性格让她不爱多言,但是面对温和礼貌的纪梵希,第一次见面的她就打开了话匣子,把很少有人知晓的战时经历和自己学舞蹈、演电影的种种事情都说给他听。纪梵希被这个女孩不平凡的经历深深吸引了,他明白了,这个看上去与众不同的女孩,的确有着不一般的成长经历,他不禁肃然起敬。她绝不是一个简单的、没什么大脑的轻浮的好莱坞演员,她进入演艺圈是观众的幸事。

“知道吗,纪梵希先生,我早就对您设计的服装情有独钟了,也不知道为什么,我就是特别希望能穿您设计的衣服。”赫本仰着脸,敬慕地望着他。

“您是什么时候开始注意到我的设计呢?”

“大约一两年前吧,我就发现了您的设计特别适合我。可就是太贵了。”赫本调皮地笑笑,是啊,一件带刺绣的衬衫就要3000元,当时对于她这个还是跑龙套的群舞演员来说,简直是望尘莫及。

“拍完《罗马假日》后,一拿到片酬,我立刻就去高档商场买了一套纪梵希套装，而且当时是没有分文折扣呢！可我毫不犹豫就买下来了，您不知道我穿上之后，高兴了多少天！它是我最拿得出手的一套衣服了！”赫本大笑起来，她的纯真和快乐感染了纪梵希，这个女孩多么迷人啊！

“谢谢您的赞誉，可是如果没有您这样的衣主，我的设计心血就会付之东流，毫无意义。我非常愿为您将来的服装效劳，只要您喜欢。”纪梵希非常诚恳地许诺，他觉得，有这样一个称得上“知音”的朋友，他的工作才会更有意义！

愉快的午餐结束后，纪梵希非常绅士地让赫本挽着他的胳膊走出餐厅，这在巴黎上流社会的礼仪中非常普通，但是他们就像很多次一起出行的老友一样，赫本挽着纪梵希的胳膊，那么自然，那么温馨，她的内心涌起了一股柔情：“这是个多么让人信赖的好人啊，那么有才华却毫无名人架子，他就像和我童年一起长大的伙伴。”他们缓缓漫步在巴黎大街上，窃窃私语，不知情的人觉得他们就是一对最般配的情侣。

当天晚上，沉浸在兴奋和幸福之中的赫本难以遏制地拿起电话，拨通了纪梵希的号码，她感谢他对她的招待和许诺，最后她轻轻地、真诚地说：“遇见您真是太好了，我希望能和您成为最好的朋友，我爱您。”说完，挂上了电话。

就这样，两个在个性上十分相似的人，一见面就认定了对方是“最好的朋友”，的确，他们都是那种精力充沛、热爱工作、举止得体、待人诚恳的人，惺惺相惜的感觉让他们心灵相通，“人生得一知己足矣！”没有比在茫茫人海中找到知己更让人感到幸运和踏实的事情了。

从此，两人保持了长达四十年的合作和坚贞情谊，他们的友谊比赫本和任何一任丈夫的关系保持的时间都更为长久。赫本结婚的婚纱、大儿子西恩洗礼时的礼服，还有很多部电影，如《甜姐儿》《黄昏之恋》《蒂凡尼的早餐》《谜中谜》《巴黎的愤怒》《偷龙转凤》等影片的服装，以及出席各种重大宴会的晚礼服，赫本都放心地交给好朋友纪梵希去设计，她也会热心地参与设计，在设计过程中诚恳地提出自己的想法和建议，虽然只是去掉一粒纽扣或者拿掉一个蝴蝶结、增加一点裙边之类非常细节的提议，可是往往这些建议使得设计更加突出了她独特的美，遮盖她的不足，让服装更加锦上添花，夺人眼目！

《龙凤配》这部影片里，萨宾娜从法国烹饪学校学成回来，开着名车的花花公子都被她镇住了！看那漂亮姑娘，灰色的头巾围住刘海露出光洁高贵的额头，白色手套、贴身的淡绿色套装，线条简洁身姿婀娜，手里牵着一只名贵的小狗，身旁白色的行李箱，她的出现不仅让男主人公爱上了她，也让所有的电影观众内心惊叹："这个年轻的高贵女孩是谁?"赫本的全新形象让观众们再次为之倾倒，而在影片最后出现的平领露肩的黑色连衣裙，也被命名为"萨宾娜露肩洋装"，纪梵希的服饰让这部电影大放异彩，赫本也让纪梵希的服饰更加出名！两人的合作获得了巨大的成功。

这部电影在放映时，演职人员名单里，服装设计者的名字署的是另外一位设计师，纪梵希的功劳被独占了，而且那位设计师还因为服装设计拿了奥斯卡奖！赫本非常生气，一定要为纪梵希争回这个名声，给他做出补偿！在她的努力下，很快纪梵希的名声便享誉整个电影界和时尚界了。

奥黛丽·赫本一时间就成为时尚界的宠儿，受到了众多女性的追随与模仿。但她从未迷失过自我，她对自己有着清醒的认识，她说是服装给了她自信。

赫本曾对纪梵希说过："是你设计的衣服使我在电影中活了过来，它们赋予了我灵感和生命，当我穿上你设计的衣服，我就完全进入了那些角色的灵魂之中。"她并不是在刻意奉承纪梵希，因为很多时候，赫本并不是个对自己的外表和演技十分自信的女演员，但当她穿上一件完美的戏服时，她真的一下子就找到了感觉，能够忘记自己，顺利入戏，这是个非常奇妙的体验，而这种体验又是纪梵希的独特设计给予她的，所以，她对他总是充满信任和感激。"在我的一生中，有一些人是我深深爱过的，"赫本曾这样说，"他（纪梵希）是我认识的人里面最正直的一个。"正因为这种爱、信任和尊敬，纪梵希在赫本去世后，被委任为她遗嘱的见证执行人。

阅读思考

① 你赞同赫本对时尚的看法吗？

② 纪梵希为何如此欣赏赫本？

第二十三章　赫本也会闯祸

赫本从小就在英国的贵族学校接受过严格的淑女教育，母亲艾拉也总是不断地给她灌输“他人为先己为后”的传统观念，而且一再告诫女儿，随便将内心的情绪流露出来是一种十分不雅的行为，一个淑女应该永远是镇定自若的，永远是仪态万方、彬彬有礼的。

所以，从很小的时候开始，赫本就没有那种被娇生惯养和宠溺所带来的任何“公主病”，她懂得克制自己的情绪，不会随便撒娇，不会哗众取宠，在生活上也非常懂得节制，无论是对华服还是美食，她都表现出淡然和良好的克制力。

“母亲教导我坐得端正，站得笔直，谨慎饮酒和吃甜品。每天只能抽六根烟。”赫本不无幽默地告诉她的朋友们，她的生活就是这样被母亲塑造出来的，当然，对于她抽烟这个习惯，艾拉一直非常反对，这是唯一让赫本克服不了的“恶习”，不知道从什么时候起，赫本需要抽烟才能放松她时刻紧绷的神经，对于她这个常常神经紧张、焦虑的人来说，保持优雅镇定并不是一件容易的事，但是她竟然能够做到，所以我们也就不能太苛求女神的完美了吧。

其实，赫本也不是永远那么沉着镇定、优雅从容的，她也曾经出过糗、闯过祸呢！

那是1963年，赫本接受了邀请参加希区柯克的电影《谜中谜》的拍摄，她要和加利·格兰特分别饰演女、男主角。本来在拍《龙凤配》的时候，他们有机会合作，但是因为格兰特不喜欢男主角的个性，就拒绝了。现在，二人终于能有机会首次合作了。

因为加利·格兰特比奥黛丽·赫本成名早，所以，当听说能和他合作演出时，赫本非常兴奋。拍戏之前，二人相约去巴黎一家著名的餐厅一起吃饭，聊聊天，认识一下。

加利·格兰特身穿高级定制的西服、打着标准的领带，风度翩翩地赴约了，浅褐色的西装使得银幕上英俊潇洒、有着成熟男性魅力的格兰特更加仪表出众，他面带微笑，那种温文尔雅的绅士风度让34岁的赫本很欣赏。

不知道是怎么回事，一向以“优雅的公主”著称的赫本那天却有失水准，两人见面寒暄，刚坐下没两分钟，赫本就一个不小心，失手打翻了刚刚打开的一整瓶红酒，瓶口正对着格兰特，红酒“哗哗”地洒了他一身！

“天呐！”赫本眼睁睁看着红色的酒液泼洒到格兰特的高级西服上，傻眼了。

格兰特赶紧扶正酒瓶，西服的下摆滴滴答答地还在往下流着酒汁,刺眼的暗红色让他看起来很狼狈。

“对不起,对不起,格兰特先生,我太不小心了,请原谅!……”赫本除了一个劲儿说抱歉几乎不知道该怎么办好,他可是自己心中的明星和偶像啊,崇拜和敬仰还来不及呢,可自己都干了什么!她无地自容,恨不能钻到餐桌下面去,或者干脆他们就根本没见面,她现在还悠闲自在地待在她的花园里,该有多好!

服务生赶紧拿来白色的餐巾给格兰特擦衣服,格兰特并没有表现出一点气恼和不快,他很镇定地脱下外套,随手交给服务生去处理。

“这很常见,夫人,要知道,我在家里也常常会弄脏衣服,我太太为此没少埋怨我。”格兰特轻松地说道。

“可是您的外套价格不菲,真是抱歉。”赫本还是一脸歉疚和自责。

“没关系,这些酒渍他们有办法处理,这个他们很在行。”格兰特宽慰她。

他看出赫本是真的在为自己的失礼而懊恼,这让他觉得这个女演员是个非常真诚淳朴的人,他见过太多演艺圈轻浮、不自爱的女性,如果遇到这种事,恐怕没有几个会像她这样放在心上。

这顿饭,赫本再没心思说笑了,她一直在心里自责自己的失礼,想怎么样才能弥补自己的过错。格兰特发觉赫本对这件事过于在意了,为了缓和她的尴尬,第二天,他亲自送给她一盒美味的鱼子酱,还附上了一张小卡片。

"昨天您赞美过这种味道的鱼子酱,所以把它送给您。另外,请不要再介意那件西装,它已经恢复原样了。"

赫本看完,脸上浮现了一个放松又感激的明媚笑容,她觉得自己真是太幸运了。

不过,并不是所有的意外都会顺利解决。老天也不会总那么偏爱她。

赫本有一次曾闯下过大祸——开车撞过一个人。其实赫本胆子很小,她并不敢开车,她也不喜欢开车,但是当时在好莱坞要雇用一个私人司机是一笔很大的开销,搭乘公共汽车对她这个名人来说又不方便,赫本才不得已逼着自己去学车。

那天她刚拿到驾照,租了一辆车上路,尝试着自己开车练练胆量。结果,当车子一辆辆呼啸着从她的车旁飞驰而过时,赫本禁不住手脚发软,没有教练的陪伴,完全靠自己来驾驶,迎面开来的一辆辆车好像个个都那么危险,冲着她横冲直撞,好可怕!

正当她胡思乱想、手脚忙乱时,迎面一辆大卡车耀武扬威地疾驰过来,赫本的小车与它擦肩而过,她紧张得猛打方向盘,想躲开这个庞然大物,但是,她的方向盘角度打得太大,车子一下子朝停靠在马路上的另一辆汽车冲去,"嘭"的一声巨响,赫本的身子被震得发麻:"完了!"她呆坐在驾驶室里,脑子发懵。

那辆被撞的汽车里坐着一位年轻的舞蹈演员琼·洛拉,她刚来好莱坞发展,还毫无名气,她正在等人,这一撞让她也受了伤！其实这并不是一次特别重大的车祸，否则赫本也不会安然无恙，虽然琼·洛拉受了伤，但也不至于无法跳舞。但是琼·洛拉抓住这个机会不放，把赫本告上了法庭，要她赔偿损失！她控告赫本，说这次车祸给她带来了无法弥补的损失和重大伤害，她再也不能跳舞了，是赫本毁了她的光辉前途！

为了不让奥黛丽·赫本的演艺事业受到打击，电影公司不得不花了一大笔钱来赔偿琼·洛拉，而且对外界只是轻描淡写地讲了讲事件的经过，免得媒体大肆炒作，影响了赫本的名声。后来这场风波总算平息了下去。

但是赫本真的被吓坏了，她好长一段时间都不敢上街，更别说开车了。而且这次车祸后，她的驾驶执照也被吊销了。从此，只要一提起开车，就让她心有余悸，之后她也再没开过车了。

阅读思考

① 明星光环下是普通人的一面，你认为了解了这一面后影响她在读者和观众心中的形象吗？

② 你认为明星的负面报道会对大众有怎样的影响？

第二十四章　我不是美女

要说赫本是世界级著名的影星和大美女，相信没有人会反对。可是，就这样一个全世界公认的美人，无论外界给予她的美貌多少赞誉，她却非常固执地认为自己不美，她从来没有承认过自己是美女。

当她还是小女孩的时候，她就曾经对自己的身材和外貌非常不满，作为一个芭蕾舞者，她觉得自己太胖了，还曾经为此减过肥！后来当她长高之后，她又苦恼自己的高个子不适合跳舞，找不到搭配的舞伴。等她长成一个大姑娘后，开始从事演艺事业，她又对自己的长相很不满意，在她眼里，自己长得真是很可笑。

她总是对母亲艾拉抱怨自己的牙齿太难看，一点都不整齐，为什么在长牙的时期母亲没有好好监督她呢？还有，自己的鼻子太大了，看那两个鼻洞多明显，一激动，鼻翼翕动起来时，简直太不斯文了。

赫本一直没有安全感,她很多时候对他人表达这种感觉,都是针对自己的相貌。她的邻居兼好友桃瑞丝·布莱娜耳朵都听起茧了,但她从不相信赫本的那些抱怨。

“为什么我没有一双像你这样小的脚?”桃瑞丝每次听到赫本这样哀叹的时候,就知道今天她心情不好。

“是啊,亲爱的,为什么你的胸部没有我的这么丰满?可是,为什么我没有你那么苗条漂亮呢?上帝啊,真是太不公平了!”桃瑞丝笑着递给赫本一块巧克力蛋糕,她知道这是赫本最喜欢的点心。

赫本有空就会到桃瑞丝家里来,每次都会跟桃瑞丝诉说一些女人的心事,品尝点心、喝喝茶,或者切磋一下厨艺。赫本偶尔还会送来一些漂亮的盆花,她自己精心培育和栽种的。

“桃瑞丝,你仔细看看,”赫本这天没有化妆,素面朝天,她来到桃瑞丝家门口,仰着脸严肃地问桃瑞丝:“你有没有发觉我的脸是方的?”

桃瑞丝叹口气,无奈地说:“行了,奥黛丽,你知不知道有多少女孩子都想长成你的模样?!你已经够完美了,干吗对自己这么挑剔呢?”

“是吗?”赫本将信将疑地看着桃瑞丝,似乎希望从她脸上看到问题的真相,“好吧,我相信你说的。可是,我还是觉得我的脸太方了,下颌骨太突出,线条太硬了。”

桃瑞丝知道赫本其实长相上也有一些小缺陷，但是她的五官凑在一起，就显得非常协调美丽，那些缺陷完全可以忽略不计！可是，她也无法改变赫本对自己外貌的固执看法，赫本是真的觉得自己不美，她一直记得，小时候妈妈还叫过她“丑小鸭”呢。

所以，当她 1954 年嫁给梅厄·费勒的时候，赫本非常真诚感激地告诉梅厄：“我觉得自己丑得没有人会愿意娶我当妻子……因为你，我终于可以嫁得出去了。”梅厄只把这话当成一个美丽姑娘的撒娇，他不相信像赫本这样全世界公认的美人儿会觉得自己丑！如果真是那样，为什么自己会被全世界的男人深恶痛绝？

赫本要穿 10 号的鞋子，这对于她的身高来说比例正常，可是在她看来，一个女人有那么一双大脚，实在是太难看了！就为了她这双大脚，她还和导演斯坦利·唐南闹过一次别扭呢！

那是在拍摄《甜姐儿》的时候，唐南导演要求赫本在一场舞蹈戏的拍摄时，穿上一身紧身的黑色衣裤，黑色鞋子，再加一双白袜子。赫本一听要穿白袜子，当即斩钉截铁地拒绝：“别的都可以，但我绝对不穿白袜子。”

唐南导演解释说：“你可能觉得黑鞋加白袜色差很大，显得不好看，但是，你想想，我们的幕布是暗色的，你又穿了一身黑色，如果没有一双白袜子来点缀，整个人就会被布景吞没，根本看不出动作的变换，舞蹈就会非常沉闷无趣了。”

“可是，我不想穿白袜子！”赫本一下子哭了，她转身跑进了更衣室。

大家都莫名其妙,为什么一向温和有礼、认真敬业的赫本突然蛮不讲理了?

过了好一会儿,赫本重新走出来,她已经平复了心情,而且脚上也顺从地套上了一双雪白的袜子。

戏拍完后,看样片的时候,现场的工作人员都一致称赞导演的这个创意效果好极了!赫本什么话也没说,悄悄回到了化妆间。

一天的紧张工作结束了,工作人员都走了。赫本换好衣服和导演告别时,把一张小纸片塞进了导演手里,她腼腆地望着他不说话。

唐南导演打开纸片,上面写着一句话:"你是对的!"

他笑着摇摇头,说:"奥黛丽,你怎么了,不就是一双袜子吗?"

"导演,"赫本羞涩地、吞吞吐吐地开口,"我哭不是因为袜子,而是……我的脚。"

"你的脚?"导演不明白,看看她穿着休闲平底鞋的双脚,没发现什么问题啊。

"您不知道,我小时候跳芭蕾时,就对自己的身高和大脚很烦恼。我的那些女伴都长得娇小玲珑,我在里面就像一只高脚仙鹤,我的脚也比别人大很多,穿上一双白袜子的话,别人就会一下子注意到我的这个缺陷。所以……请您原谅。"

赫本费了很大劲儿才把这件事说清楚了,对于她来说,讲自己的难堪和心结,是很不礼貌的事,但是为了不让导演

赫本从小就没有那种被娇生惯养和宠溺所带来的任何“公主病”，她懂得克制自己的情绪，不会随便撒娇，不会哗众取宠，在生活上也非常懂得节制，无论是对华服还是美食，她都表现出淡然和良好的克制力。

名家名言

人比事物更需要重建，刷新，复兴，回收和救赎；永远不要抛弃任何人。

名家名言

女人之美不在五官，而在其内心折射的真美。这就是她给出的关爱和她表现的热情。女人的这种美是随着岁月流逝而增长的。

对她产生误会,她觉得自己应该解释。

熟悉赫本的人都知道,她并不喜欢拍照。她觉得自己的脸型不好看,都是靠化妆师才把自己化得那么漂亮,其实那不是真正的自己。即使要照相,她也会请那些非常了解和熟悉她的摄影师,利用光影布景,把自己拍得纤细美丽、赏心悦目。她总是会送些小礼物给摄影师们,感谢他们把她拍得那么漂亮。

或许就是因为没有人怀疑赫本的美,没有人对她的美进行挑剔,上帝才让赫本充当自己的评判员,一生不停地提醒自己:你并不美。这样的谦逊和低调,反而让所有喜爱她的人更加爱她,一个美得如同不食人间烟火的天使般的美人却是完全不自傲的人,是不是比那些自以为很美又骄傲的人更令人喜爱呢?

阅读思考

① 赫本为何不认为自己是美女呢?

② 你欣赏她的这种态度吗?

第二十五章　赫本的小狗“著名”

赫本本性内敛羞涩，童年时她就不擅长结交朋友，在她孤独的时候，她选择读书、长时间散步、听音乐和摆弄花草。她经常独自一人从周六晚上到周一清晨待在自己的公寓里，而不是留恋于热闹的社交场合。这是她恢复精力的最好方式，对她来说，和花草、动物在一起，更让她愉快满足。

“我觉得人只有和动物待在一起的时候才是最单纯的，即使你的孩子也不会这样毫无所求地陪着你。我喜欢那种被它们完全依赖的感觉，它们让你感到生命是如此脆弱，你会发自内心去关爱、去保护它们，而人与人之间是很难达到这一步的。”赫本这样描述她和宠物们相处时的感觉。

赫本曾养过一只名叫“著名”的小狗，那是梅厄送给她的礼物，而这个礼物可以说是她最为珍爱的，她简直把它当做自己的孩子。这只约克夏小狗一身棕色的长毛，眼睛又黑又

亮，赫本给它洗澡，扎上丝带和头饰，常常带着它散步，甚至到片场去拍片。很快，这个叫“著名”的小狗真的越来越出名了，人们常常可以看到赫本和它的合影，几乎是赫本走到哪里它就出现在哪里。

“著名”非常好动，喜欢不停地狂吠，甚至会在赫本带他去导演比利·怀尔德家做客时，在主人昂贵的古董沙发上撒尿！见到格里高利·派克家的小狗，会追着一个劲儿地咬。这些行为都让赫本在公众或朋友面前很尴尬，但是，它毕竟是一只小狗，它是赫本的心肝宝贝，大家都知道这一点，所以也没有人会真的对它有意见。

而且它确实很聪明，很会讨主人的欢心。每次赫本工作完回家疲惫不堪的时候，“著名”就会摇着尾巴跳进她的怀抱，用粉红色的小舌头不停地舔着她的手，当赫本抱着它热乎乎的身体，享受着它对主人的亲热时，她的心情就会变得非常愉快，所以，不论她回家后多么累，都要带着它出去散步撒欢。

后来赫本干脆就随身带着“著名”，无论到哪里工作、拍片，都要带着它，一旦看不到它，赫本就会非常思念它，就像惦记自己的孩子一般。可是，并不是每次带着一条狗出门都是那么容易做到的事。

赫本要去刚果拍摄《修女传》的时候，因为档期很长，她好几个月都见不到宝贝“著名”，见不到它，她工作起来肯定会心神不宁，所以她提出要把它带去刚果。原本以为带只狗不算什么，可是由于当时的刚果还没有独立，还是比利时的保护国，而比利时政府对进口动物的管理又是非常严格的，所以，带“著名”去刚果变成了一件非常困难的事。

为了这件事，赫本费了很多心思，她甚至也有过放弃带“著名”出国的想法，可是，每次一想到它要离开自己，她就非常不忍，后来她请了一名律师专门为这件事和比利时政府官员办交涉。因为赫本的执着，公司工作人员只好动用各种关系，费了九牛二虎之力才终于办好了“著名”出国的各种烦琐手续。

赫本的大儿子西恩出生后，她十分担心这个在家里被宠得“无法无天”的“著名”，会不会对家里新来的小家伙感到嫉妒呢？的确，刚开始，“著名”非常好奇这个家里爱哭的小娃娃，女主人为什么会时刻不离地照顾他？他是谁？当他一哭的时候，女主人就会忙不迭地去哄，去安慰，它就在一旁不满地“汪汪”乱叫。

赫本为了不让“著名”感到失落，就把它睡觉的狗窝挪到自己的大床下面，一有机会就安抚它，和它说话，让它知道，主人并没有忘记这个宝贝。渐渐的，“著名”习惯了西恩的存在，甚至还把他当成自己的小主人了。

有一次半夜，暴雨狂风突袭！赫本从睡梦中惊醒，一下子从床上跳下来，她担心婴儿室里的西恩会被电闪雷鸣吓着，赤着脚就跑过去查看。可是，她惊喜地发现，西恩还在摇篮里香甜地安睡着，“著名”竟然安静地、目光炯炯地守卫在西恩的摇篮旁，一副恪尽职守的样子。赫本心里滋生出一股暖暖的爱意，儿子西恩是上帝赐给她的珍宝，而忠诚的“著名”也一样是她离不开的亲人。

因为“著名”常常被赫本带去拍片现场，它那不安分的性格没少让她操心，片场气氛总是乱糟糟的，“著名”很兴奋，它不可能安静地待在某个角落，赫本又不忍心把它拴起来，限制它的自由。一旦发现“著名”不见了，赫本就会马上请工作人员帮忙去找，如果半天都找不回，赫本就会心神不定，无法进入工作状态了，连拍片进程都要为此而耽搁。导演当然很生气，但是看赫本眼睛红红的、心急如焚的样子，又不好发火，只得下令大家一起去找！只要“著名”一出现，赫本立即心花怒放，笑容满面，入戏状态奇佳，那种牵肠挂肚的深情，真让导演无可奈何。

淘气又好动的“著名”最终没能逃脱厄运，拍完《双姝怨》后，赫本正在房间里收拾东西准备返回瑞士的家，就在那个空隙里，“著名”又跑出去了。当赫本听到消息，赶到大街上时，横遭车祸的“著名”那血肉模糊的小身子一出现在她的视线里，她眼前一黑，顿时失去了知觉！她觉得自己的精神都快崩溃了，那种天旋地转的痛苦令她难以承受！

一路哭着，赫本伤心地离开了好莱坞，她认为她和“著名”都不应该在城市里生活，原本就不喜欢好莱坞的赫本，之后更加厌恶生活在大都市，如果不是为了工作，她会永远待在偏僻的乡村，和花草宠物们幸福地生活。

阅读思考

① 赫本为何会对一只小狗如此喜爱？

② 你愿意养宠物吗？为什么？

第二十六章　当小鹿依比的妈妈

赫本还曾经养过一头叫依比的小鹿。不过那并不是她的宠物，而是因为丈夫梅厄与她合作的那部《绿色大厦》剧情需要临时养的，在电影里，赫本要当一头小鹿的妈妈，她的身边总是跟着一只可爱的小鹿。

怎么才能让一头小鹿一直跟着赫本呢？梅厄专门去请教了动物驯养专家，才知道，鹿是特别敏感胆小的动物，很容易受惊，要想让一头小鹿跟人亲近，只有一个办法，那就是找一只出生只有两三周的幼鹿，由人亲自喂养它，就像对待自己的孩子一样去精心饲养，它才会把饲养者当成自己的妈妈。人工饲养小鹿对非专业人士来说不容易，而这个过程需要特别有耐心，要持之以恒。

最初赫本不同意，她说："要把一头有母亲的小鹿活生生从她妈妈身边带走，这不是太残忍了吗？万一我们没有把它

养好,怎么办?"

梅厄安慰她:"你放心,如果小鹿有问题,我们马上把它送回动物园,由兽医来救治它。我们拍片大约要四个月,四个月后它就能回到母鹿身边了。"

当依比从动物园来到赫本身边时,它才出生不到一个月,它那水汪汪的大眼睛,细长瘦弱的四肢,胆怯地柔弱的样子,让赫本一下子心生怜悯:"可怜的小家伙,妈妈来照顾你!"

她把准备好的羊奶弄成温热的,然后把奶瓶放到小鹿的嘴边,依比闻到了甜甜的奶香,怯怯地把脖子伸过来,嘴巴含住了塑胶奶嘴,虽然不像喝母鹿的奶那么舒服,但是它确实是饿了,咕嘟咕嘟地喝得非常急迫。

梅厄笑着说:"你不觉得,这小家伙什么地方特别像你吗?"

"你是说,我长得像一头鹿?"赫本故作生气,说:"别看我瘦,我身体结实着呢!甚至比一匹马更强壮!"

赫本在家里专门准备了给小鹿休息的草垫子、小鹿吃的是专门饲料和干净的清水,吃饱了睡足了之后,赫本也会带它和"著名"一起出门去草地上玩耍散步。"著名"对家里突然出现这么一个"不速之客"很不习惯,它总是低声地冲着依比叫,有威胁的意思。每次赫本都会温柔地制止"著名",让它安静。后来,"著名"和依比成了伙伴,常常一起在院子里玩耍。

小鹿依比渐渐地和赫本熟悉了，也把赫本的家当成了自己的家。它对食物的辨别能力很差，常常把那些不能吃的东西用嘴巴尝一尝，比如塑料袋、皮沙发、大衣，甚至是地毯之类的化工制品。赫本不得不经常盯着它，免得它搞破坏，也担心它吃了什么致命的东西。

功夫不负有心人，依比真的把赫本当成了自己的妈妈，喜欢把自己的鼻子凑到赫本跟前，去嗅“妈妈”的气味，或者用这种方式来和“妈妈”亲热。它很好奇，“妈妈”安静的时候总是捧着一本书或一本杂志在看，那里面都有什么，那么好看？它常常把脖子伸过去，凑近了一起看，当然，它什么也没看明白。

我们现在还能看到当年赫本和小鹿依比的一张合影。那是赫本带着依比到超市去购物，当她蹲在地上从货架上拿下物品，认真看商品说明时，依比习惯性地仰起头，把鼻子凑上去闻闻的画面。这张照片实在太独特了，很少有人看到一个人和一头小鹿能如此相依相爱，这温馨的画面感动了很多人。大家相信，赫本一定是个非常有爱心、有耐心和十分善良的女性，而事实上的确如此。

阅读思考

① 小鹿依比为什么真的把赫本当成了自己的妈妈？

② 如果让你养一头小鹿，你能把它养好吗？

第二十七章　为了家庭隐居10年

曾经,奥黛丽·赫本是个勤奋的“工作狂”,她为了能够获得成功,极其勤勉努力地工作过。她对此的解释是:“从心理学角度说,我的坚定信念来自内心的不安和自卑感。既然我无法克服表演时的紧张,就只能脚踏实地、全神贯注,付出最大的努力。”因为她对自己表演的不自信,所以,她会加倍努力去弥补不足。

“我从来不相信有天赐的才能。我只崇尚我的工作,并且竭尽全力。”赫本是这样说的,也是这样做的。在拍《甜姐儿》电影时,编剧利奥纳德·格许对她印象极为深刻。他回忆说:“我从没有见过如此卖命工作的人。她不知疲倦地学习着影片中的歌曲和舞蹈动作,因为她不像塞德·查理斯或金洁·罗杰斯那样一直与这样的工作打交道。罗杰·伊登斯说:‘奥黛丽,明天你可以休假。你一天工作了16个小时。’而她却说，‘不必了，我明天九点会来片场。’结果第二天早上她八点就到了。”

其实，勤勉地拼命地工作，并不能使赫本摆脱内心的紧张和不自信，相反，她时刻都处在对自己的挑剔中，虽然在银幕上，赫本光彩照人、精神焕发、镇静自若，她瘦弱的身体蕴含着无限的能量，就像一只“铁蝴蝶”，但不为人知的是，镜头外的赫本经常被神经质所困扰，她常常双手颤抖、焦虑万分，拼命抽烟解压，对人和善又脆弱无助。事业给赫本带来了显赫的声名、巨大的光环和成就感，但是她也为此付出了大量的心血与汗水。

多年来，赫本一直在试图平衡事业和家庭之间的关系，她第一次婚姻的结束，不能不说是由于自己事业上超过丈夫太多，“奥黛丽·赫本的丈夫”这个称呼给梅厄带来了很大压力，最终影响了夫妻感情。与长子西恩也因为工作不能朝夕相处，西恩成长到七岁时，赫本下了为之改变的决心。

1969年她与第二任丈夫——意大利精神病医生安德烈·托蒂结婚后，就开始了半隐居式的生活。第二年，赫本的二儿子路卡就出世了，为了家庭的幸福和孩子的健康成长，她告别了影坛，而这一别，就是10年。

奥黛丽·赫本真的成为了一名快乐的家庭主妇，她再不用每天出门化妆、刻意修饰自己了，也不用想着去参加各种社交活动或者电影发布会，再不用为担心不能胜任影片角色而日夜焦虑了。她可以衣着随便、舒适放松地待在家里，把两个儿子照顾好，打理好花园里那些漂亮的花花草草，招待好朋友在家里吃她拿手的意大利面，丈夫下班回来给他放好洗澡水，等等，她想把这些琐碎的家务活做好了就足够了。在闲暇的时候，她会去超市购物也不必戴上她那著名的“黑超”了，当她像个普通家庭妇女那样出去丢垃圾袋的时候，并没有人会关注她，这让媒体感到很失望，他们失去了一个可以追逐的明星人物，但是对赫本来说，这样的生活实在太幸福了。

她太累了，觉得自己应该好好休息一下了。她真的想过一种平凡的普普通通的生活，享受和孩子、丈夫每天都能在餐桌旁相聚的美好时光，看着他们大口品尝着自己的拿手好菜，说说笑笑，她就心满意足了。她认为自己第一次婚姻失败的原因就是因为自己是个电影明星，如果自己不再是个知名度甚高的名人，甘愿洗去铅华过家庭生活，当个家庭主妇，那么，她也会拥有一份平凡的幸福，这才是她最最想要拥有的。

可惜好景不长，第二任丈夫托蒂罗曼蒂克的风流性情并没有因为娶了世界著名的女明星、他少年时的偶像而终止，绯闻逐渐传到赫本的耳朵里。而且，赫本在托蒂的描述中，完全是个好嫉妒的女人形象，他并没有为自己的风流感到惭愧，反而觉得赫本不够大度。赫本追求家庭幸福的梦想再次破灭了！但是为了小儿子路卡，她还是不愿意就这样结束这段婚姻，夫妻二人选择了分居。

隐居10年后，赫本重新回到大众的视线中，但很少再拍电影了。岁月在她脸上刻下了风霜的痕迹，她已经是个瘦削

奥黛丽·赫本真的成为了一名快乐的家庭主妇，她再不用每天出门化妆、刻意修饰自己了，也不用想着去参加任何社交活动或者电影发布会，再不用为担心不能胜任影片角色而日夜焦虑了。

名家名言

我不相信集体罪恶，但我相信集体责任。

名家名言

一个人总是要死的，但我最依依不舍的不是自己的生命，而是第三世界那些被战争、干旱和饥饿困扰的儿童。

的中年妇人，虽然看起来仍然风韵犹存，气度非凡，但毕竟青春时光一去不复返了。“美人迟暮”在很多人看来是个悲剧，所以有人问赫本，“是否害怕美貌的流逝”？

赫本直言不讳地说：“害怕又有什么用？难道去自杀吗？我早就接受了自己的一切。”她根本不去考虑整容之类的事情，在她看来，相貌并不是一个人最为重要的东西，她的成功并不是光靠外表。

赫本也以为爱情与自己是不会再有什么关系了，她对自己的婚姻不再抱有希望，直到1980年，50岁的赫本遇到了自己的“灵魂伴侣”罗伯特·沃德斯，她的人生才重新焕发出光彩。二人并没有正式结婚，但他们共同携手走过了她生命中最后的十三年时光，那也是她一生最美满、最幸福、最安详的一段时光。

阅读思考

① 一个女人为了家庭和孩子，放弃事业，对此你能理解吗？

② 赫本离开演艺界隐居10年，你认为值得吗？

第二十八章　亲善大使走遍世界

1988 年，奥黛丽 · 赫本接受了担任“联合国儿童基金会”亲善大使的工作，这也是她生命最后的五年里主要的工作。她多次为第三世界国家的儿童募集捐款，并亲自到那里抚慰孩子们幼小的心灵。

赫本对联合国儿童基金会充满了感情，当年“二战”结束后的她，濒临死亡的边缘，是儿童基金会的无偿援助挽救了她的生命。所以当她晚年时，“联合国儿童基金会”需要她作为亲善大使到世界各地筹集资金来帮助那些贫困的儿童时，她欣然接受了这项并不轻松的工作。赫本说：“记住，假如你需要一只援助的手，它就在你胳膊的末端。当你老去的时候，你要记住你有两只手。一只是用来帮助你自己的，另一只是用来帮助别人的。”

那一年，奥黛丽 · 赫本来到非洲埃塞俄比亚，坐在汽车副驾驶座位上的她，看到整个国家由于多年来受到饥饿、干旱和内战的煎熬，满目疮痍、饿殍遍野。在这个全世界最贫困的国家中，四分之一的孩子在5岁之前就夭折了。在拥挤不堪的难民营里，存活下来的人也严重营养不良，许多人因为缺乏维生素A而双目失明。内战割断了这里北部海港输送食物的渠道。

在难民营里，赫本发现一个小女孩孤单地站立在一旁，来了那么多陌生人，小女孩好奇但又有些害怕。赫本走上前去，和她交谈，询问她的父母和家庭情况，最后，赫本问她："你长大了想做什么？"

小女孩眼睛直直地望着赫本的脸，慢慢地说："活下来。"

赫本的眼泪盈满了眼眶，她似乎又看到了少年时代的自己，在饥饿、疾病与恐慌的边缘挣扎的时刻。她的心沉甸甸的，当她了解到，在叛乱频仍的国家，一个母亲和孩子为了寻找食物徒步行走了10天甚至3个星期可能都一无所获，饥饿让她们随时可能倒下，很多贫困的、被干旱困扰的非洲人连一把挖土的铁锹都没有，她对自己多年来富足的生活产生了深深的愧疚！她觉得自己来得太晚了，为什么没有早一点从事这种国际救援行动呢？或许通过她的努力，可以更多地挽救一些母亲和孩子的生命！

她对采访的记者们这样说："人类的责任是帮助世界各地受苦的孩子们。其他事情都是微不足道或华而不实的。给他们一把铁锹，他们就可以掘一口水井。我不想看到他们用铁锹挖掘孩子们的坟墓。我想我们能够帮助所有这些漂亮、沉默的孩子。”

1990年,奥黛丽为女作家莫海德的《背叛——关于今日世界中儿童暴力问题的报告》一书所作的序言中她这样写道:

> 当我们走向21世纪,还是有很多的问题值得我们反思。我们环顾四周,发现那些过去做出的承诺依旧还是没有兑现。还是有很多人生活在贫困之中,忍受饥饿,苟延残喘。在这些人中我们看见的还有孩子,他们涨大的胃部,他们忧伤的眼神,还有他们痛苦的表情。
>
> 这些孩子生活在沙漠中的帐篷里,生活在连年炮火轰炸过的屋檐下,生活在街头、地铁、农田,生活在凋敝的孤儿院,生活在拥挤的医院和弃置的危房中。过去的几年里我走遍世界各地,看见了那么多这样的孩子,他们承受着极大的痛苦煎熬,但他们依旧还是如此的可爱与坚强,他们的眼神中充满了谅解,他们明白人生不应该是这样。他们应该有一个更好的生存空间,安全、自由、和平。他们中的绝大多数没有经历过这样的生活,但是他们却都知道世界上应该有着这么一种更好的生活,他们的眼睛说明了一切。
>
> 当今天整个世界被更多地联系在一起时,我们也发现一个讽刺的事实:无论这个国家是贫是富,那里总会有或多或少的儿童在受苦受难。全球化之后统一起来的反而是我们对于他们的忽视、虐待和缺少关爱。联合

国儿童基金会的任务就是让全世界都来关注这些孩子，呼吁人们不要忘记这些儿童，不要让他们成为政客空谈的牺牲品，帮助他们更好地活下去。

赫本以亲善大使的身份走遍世界最贫困的地区，她和罗伯特一起，在5年里完成了50趟人道主义之旅。她马不停蹄地到了苏丹、埃塞俄比亚、孟加拉国、萨尔瓦多、中国澳门、日本、芬兰、中东、中美洲、大洋洲等地，到达的地方多半属于非洲。她为了全世界人类的幸福而工作，抛开了种族、宗教和政治立场，罗伯特说："奥黛丽一直很反对歧视、不宽容与仇恨这些事。虽然这些行动不是针对她的，但只要她看到了，就会很烦恼。也许这就是她总是强调公正的原因。"

在孟加拉难民营的时候，很多孩子看到虽然苍老但美丽亲切的赫本，都高兴地涌上来围住她，赫本向孩子们微笑着，和他们打招呼，非常和蔼可亲，有大胆一点的孩子还上前挽着她的胳膊，握她的手。赫本注意到，在人群的前方，有一个非常瘦小的小姑娘孤独地坐在一棵椰子树的树荫下。奥黛丽走过去，蹲下身来，温和地问她："你为什么不和大家一起呢？"

那女孩低下头，避开赫本关切的目光，然而泪水顺着她的脸颊慢慢流了下来，让赫本的眼睛也潮湿了。她抱起这个孩子，发现她的双腿由于小儿麻痹症残废了，无力地垂着！她的体重是那么轻，赫本双手抱着她，感觉她的体重还不如一只成年小狗的重量！赫本面色凝重，眼中泛出泪光，她布满皱纹的脸显得更加沧桑了，此时她就是一个愁苦的母亲，她的眼睛里流露出深深的悲哀。

这个情景被记者的镜头抓拍了下来，登在报纸上后，在世界各地产生了连锁反应，很多人被赫本的爱心和呼吁感动了，纷纷伸出了援助之手。在她任职期间，联合国儿童基金会筹得的基金增长了一倍！1992 年，她得到美国公民的最高荣誉——总统自由奖。

阅读思考

① 赫本为什么愿意出任“联合国儿童基金会亲善大使”一职？

② 赫本为此做出了哪些努力？

第二十九章　美丽天使回到上帝身边去了

1992 年 11 月，从索马里出差回来后，奥黛丽·赫本感觉身体虚弱、腹痛难忍，她不得不中断工作去医院检查。经过医生诊断，她竟患上了结肠癌！医生立即制定了手术方案，希望能够控制住癌细胞的扩散。但遗憾的是，病情发现得太晚了，手术没能控制癌细胞的扩散，为了让自己有尊严地离去，赫本要求回到自己在瑞士的家，度过一生中的最后岁月。

位于瑞士托洛肯纳兹的家，是赫本 1965 年买下的一幢古老农庄，她把这个家称为“和平居”。托洛肯纳兹是个人口不足 500 人的小镇，居民大多是农民，小镇生活非常宁静，从这里可以清楚地看到瑞士著名的日内瓦湖，还有远处阿尔卑斯山上终年皑皑的白雪。

和平居的建筑结构简单古朴，石头墙壁美观坚固，外观方正厚实,秩序井然,房子周围还有一片果园和一个漂亮的小花园。这是赫本最喜欢的房子了,只有在这里,她才觉得心灵回归了平静,而这次返回,她是想把这里作为自己人生最后的栖息地。在她的小花园里,永远都种植着白色的花朵。赫本不喜欢红色或其他颜色艳丽的花,她最心爱的就是白色的花,纯洁无瑕、一尘不染,仿佛美丽的仙子。

就在离世前两个月,赫本的亲人,罗伯特和西恩、路卡,还有纪梵希等多年的好友都来到她身边陪伴她。当大家都为她的病情而感到悲伤难过的时候,赫本反而很平静。她在癌症疼痛的折磨下,还时常不忘记安慰大家。

赫本对朋友们说:"一个人总是要死的,但我最依依不舍的不是自己的生命,而是第三世界那些被战争、干旱和饥饿困扰的儿童。"她对自己的一生已经没有遗憾了,但那些可怜的等待救助的孩子们,是她始终放不下的心事,西恩对母亲说:"妈妈,您放心,我会接着您的工作干下去的,我要把慈善事业作为我日后工作中一部分。"赫本逝世后,西恩履行诺言,了却了母亲未完成的心愿。

赫本最后留给亲人的礼物,是买了几件毛衣送给他们。她送给纪梵希的是一件蓝色的,"于贝尔,你穿着这件衣服的时候,就可以想到我。"她在纪梵希的耳边喃喃地说着,然后,深情地亲吻了一下纪梵希。

1993 年 1 月,奥黛丽·赫本获得了美国演员工会颁发的"终身成就"奖,但病重的她无法亲自出席颁奖典礼了,她委托著名好莱坞演员茱莉娅·罗伯茨代为领奖并宣读获奖感言。

1993年1月20日，赫本知道自己已经无法再陪伴她的亲人们走下去了，她叫来小儿子路卡，握着他的手，慈爱地说："对不起，孩子，但我真的已经准备好要走了。"路卡的眼泪滚滚落下，他紧紧地抱住了衰弱的妈妈。

这天傍晚7点钟，在家人和好友的陪伴下，奥黛丽·赫本病逝于家中，享年63岁。她被葬在和平居附近一处宁静的乡村墓园中，下葬时，手上戴着罗伯特和儿子西恩送给她的两枚钻戒，这是她晚年佩戴的首饰。

下葬那天，成千上万的罗马人带着鲜花来到台伯河向她遥寄哀思，人们将永远记得这个40年前来到这里的美丽公主。人们没有想到，已经77岁高龄的派克在妻子的陪同下，也千里迢迢地赶来参加了赫本的葬礼。葬礼上，白发苍苍的派克低下头，在赫本的棺木上轻轻印下一吻，深情地说道："你是我一生中最爱的女人。"在场的人无不唏嘘落泪。赫本走了，派克送她的那枚蝴蝶胸针依然完好无损地珍藏在她的首饰盒里。2003年4月24日，著名的苏富比拍卖行举行了赫本生前衣物、首饰慈善义卖活动，那天，87岁的派克亲自前去买回了那枚陪伴赫本40年的蝴蝶胸针。

赫本的离世令世人悲痛，世界著名女演员伊丽莎白·泰勒一语道出了所有人的心声："最美丽的天使回到上帝身边去了。"

是的，奥黛丽·赫本就是一个落入凡间的美丽天使，当她完成了使命，便像一颗流星般悄然划过天空，消失在无垠的天际。

但，她会永远活在爱她的亲人和全世界影迷的心中。

阅读思考

① 赫本放弃治疗，要“有尊严的离世”。你认可她的这种选择吗？

② 为什么她的离开，让人们寄予了无限美好的想象？

附录 奥黛丽·赫本年谱

1929 年 5 月 4 日，奥黛丽·赫本出生于比利时的布鲁塞尔。她的母亲是荷兰驻圭亚那总督的女儿艾拉·冯·希姆斯特拉男爵夫人，父亲是英格兰银行布鲁塞尔分行的总经理约瑟·安东尼·赫本·拉斯东。

1934 年 5 岁时经由母亲的安排，赫本被送到英国一所住宿学校念书。

1935 年 赫本的父母离异，父亲不告而别。

1938 年 奥黛丽·赫本进行芭蕾舞的基本功训练。

1939 年 9 月，第二次世界大战爆发，奥黛丽·赫本随母亲回到荷兰阿纳姆定居。进入阿纳姆音乐学校，正式接受芭蕾舞课程的训练。

1940 年　5 月,德军进驻荷兰阿纳姆,开始了长期占领。

1942—
1944 年　赫本家的房屋被征用,财产被没收。大哥亚历山大被送到德军劳动营去干活。奥黛丽参加地下运动组织活动。

1945 年　3 月,阿纳姆解放。战争结束后,母亲带奥黛丽来到阿姆斯特丹,奥黛丽进入一个俄国舞蹈教师索尼娅·加斯凯尔开办的芭蕾舞训练班学习。

1946 年　在宣传荷兰旅游风光的纪录片中扮演一位空中小姐。

1948 年　前往伦敦,进入当时最负盛名的玛丽·兰柏女士开设的舞蹈学校。正式使用"奥黛丽·赫本"作为她的名字。

1949 年　出演舞台剧《塔塔酱》,担任群舞演员。

1950 年　出演舞台音乐剧《开胃酱》,担任群舞演员。

1951 年　法国著名记者、作家科莱特女士选中赫本出演舞台剧《吉吉》。出演电影《神秘的人》中较为重要的角色。在拍片时认识卡车制造公司的继承人詹姆斯·汉森并与之订婚。

1952 年　《吉吉》在美国纽约百老汇的演出取得成功,赫本开始受到好莱坞的关注。之前于伦敦被派拉蒙公司选为《罗马假日》的女主角。和演员格里高利·派克结识。

1953 年　为拍摄新片《龙凤配》结识法国时装设计师于贝尔 · 德 · 纪梵希。

8 月 20 日,《罗马假日》在伦敦的首映大获成功,奥黛丽一跃成为世界知名影星。在之后举行的庆祝晚会上认识了自己的第一任丈夫梅厄 · 费热。

9 月 7 日,赫本的照片被刊登在《时代》周刊的封面上。《罗马假日》在芝加哥首映当天,赫本证实与詹姆斯 · 汉森分手的消息。

1954 年　3 月 25 日,因在《罗马假日》中出色地扮演了安妮公主而获得奥斯卡奖最佳女主角奖和金球奖最佳女主角奖。

2 月至 6 月在美国演出话剧《美人鱼》,受到戏剧评论界的好评。因在《龙凤配》中的表现而获得奥斯卡最佳女主角奖的提名。

9 月 25 日在瑞士卢采恩湖畔的一个小教堂里,奥黛丽身穿纪梵希为她设计的白色婚纱和费勒举行了婚礼。

1955 年　因出演《美人鱼》中的翁迪纳而获得美国戏剧界最高奖——托尼奖的最佳女演员奖。通过了《亚非会议最后公报》。因《龙凤配》一片而获选金球奖最受欢迎女演员奖。经历了第一次痛苦的流产。

1957 年　在巴黎和好莱坞著名的“舞王”阿斯泰尔合作

拍摄歌舞片《甜姐儿》。与好莱坞著名的“硬汉”加利·库柏合作浪漫爱情片《黄昏之恋》。

1958 年　去非洲刚果拍摄《修女传》。翌年，凭此片第三次获奥斯卡最佳女演员奖提名。

1960 年　拍摄《不可饶恕的人》，在墨西哥拍片期间从马背上跌落，造成脊椎损伤，并且导致了她的第二次流产。

1961 年　在《蒂凡尼的早餐》中塑造霍莉这一形象，再一次风靡了全世界。她也因此片第四次获得奥斯卡最佳女演员奖的提名。第一个儿子西恩出生。

1963 年　在影片《谜中谜》里和加利·格兰特合作，获得了很大的成功。

1964 年　拍摄电影《窈窕淑女》，出演了她最渴望扮演的女主角伊莉莎。因《窈窕淑女》一片拿到了 100 万美元的片酬，成为继伊丽莎白·泰勒在《埃及艳后》中达到这一薪酬水准以后的第二位女演员。与费勒的婚姻危机开始显现。

1965 年　在瑞士托罗青纳茨购买了一处宅邸——“和平之邸”，这处房子成为了她终老之处。

1966 年　获得第十八届英国电影学院最佳英国女演员奖。

1967 年　新片《等到天黑》开机，并由此获得了第五次奥斯卡最佳女演员奖的提名。此年度托尼奖授予了奥黛丽一项特别奖。

1968 年　赫本与第二任丈夫、出身于罗马贵族家庭的精神病医生安德烈·托蒂相遇,并快速地坠入情网。年底,与梅厄·费勒正式离婚。

1969 年　1 月 18 日,赫本和托蒂在瑞士托罗青纳茨旁边的摩格斯城举行了结婚仪式。从此,赫本宣布息影,在罗马的家中过起了相夫教子的平静生活。

1970 年　2 月 8 日,在洛桑的医院里,剖腹产生下了小儿子路卡。

1976 年　在两个儿子的要求下,她同意出演戏剧《罗宾汉和玛丽安》。

1979 年　赫本与托蒂正式分居。与人生最后的伴侣罗伯特·沃德斯相遇。

1980 年　和罗伯特在瑞士开始同居生活。

1984 年　8 月 26 日,母亲艾拉于瑞士去世。

1988 年　成为联合国儿童基金会慈善大使,后在 5 年的时间里完成了 50 趟人道主义之旅。

1989 年　主持了一个电视专题系列片《世界花园》。
在导演斯蒂文·斯皮尔伯格的电影《直到永远》中扮演一位天使。

1990 年　担任配乐朗诵舞台剧《安妮日记》的旁白工作,此剧也是为联合国儿童基金会募捐而举办的。
People 杂志推举她为"全球最美丽的 50 人之

一”。获金球奖塞西尔·德·米尔特别奖。

1992 年　11 月,奥黛丽被查出结肠癌。

1993 年　1 月,获得美国演员工会颁发的终生成就奖,她委托朱丽娅·罗伯茨代为领奖并宣读获奖感言。

1 月 20 日,下午 7 点钟,奥黛丽因病逝世。